中国关键词

중국 키워드

权 威 解 读 当 代 中 国

中国外文出版发行事业局（CICG）
当代中国与世界研究院（ACCWS）
中国翻译研究院（CATL）

2023년 초판
지은이 : 중국외문출판발행사업국
         당대 중국과 세계 연구원
         중국번역연구원
옮긴이 : 중국외문국 중동부유럽 및 중남아시아 커뮤니
         케이션센터(인민화보사)
저작권자 : 신세계출판사

ISBN 978-7-5104-7541-2

펴낸곳: 신세계출판사
주 소: 중국 베이징 바이완좡다제(百萬莊大街) 24호
우편번호: 100037

발행처: 신세계출판사
주 소: 중국 베이징 바이완좡다제(百萬莊大街) 24호
우편번호: 100037
전 화: 86-10-68995968
팩 스: 86-10-68998705
홈페이지: www.nwp.com.cn
이메일 주소: nwpcd@sina.com

중화인민공화국 역내 인쇄

《中国关键词：文明理念篇》
编委会名单

主　任：杜占元

副主任：高岸明　于　涛

委　员（按姓氏拼音排序）：

包乌尔江　蔡力坚　曹轶群　宫结实　侯贵信

黄才珍　　黄友义　贾宁一　黎巧萍　李英男

梁永贵　　林　琨　孙海燕　孙　明　王宝泉

王　复　　王刚毅　王晓辉　王育宁　王众一

徐明强　　杨　平　于运全　喻慧娟　张忠义

中文编写组（按姓氏拼音排序）：

蔡馥谣　丁　洁　范大祺　华光灿　李　旭

芦思宏　罗慧芳　申　阳　孙敬鑫　王　丹

杨　平　于运全　张久安　赵　庆

韩文翻译、编辑组：

金珍我〔韩〕　李贤雅〔韩〕　潘　征

<중국 키워드: 문명이념편>
편집위원회 명단

주　　임: 두잔위안

부주임: 가오안밍, 위타오

위　　원(중국어 성 발음순):
바오우얼장, 차이리젠, 차오이췬, 궁제스, 허우구이신, 황차이전, 황유이, 자닝이, 리차오핑, 리잉난, 량융구이, 린 쿤, 쑨하이옌, 쑨 밍, 왕바오취안, 왕 푸, 왕강이, 왕샤오후이, 왕위닝, 왕중이, 쉬밍창, 양 핑, 위원취안, 위후이쥐안, 장중이

중문 편집팀(중국어 성 발음순):
차이푸야오, 딩 제, 판다치, 화광찬, 리 쉬, 루쓰홍, 뤄후이팡, 선 양, 쑨징신, 왕 단, 양 핑, 위원취안, 장주안, 자오칭

한국어 번역, 편집팀:
김진아(한), 이현아(한), 판정

前　言

　　中国拥有百万年人类史、一万年文化史、五千多年文明史。在漫长的历史进程中，中华民族以自强不息的决心和意志，筚路蓝缕，跋山涉水，走过了不同于世界其他文明体的发展历程，创造了璀璨夺目的中华文明，为人类文明进步事业作出重大贡献。中华文明源远流长、博大精深，是中华民族独特的精神标识，是当代中国文化的根基，是维系全世界华人的精神纽带，也是中国文化创新的宝藏。中共十八大以来，习近平同志在一系列重要讲话、文章、访谈中旁征博引，运用古代典籍、经典名句阐释中国思想，传递中国声音，在传承和创新中不断激活中华文明经典，赋予其当代价值与意义。

　　为讲好中华文明故事，增进外国受众对人类文明新形态的了解，"中国关键词多语对外传播平台"组织策划了《中国关键词：文明理念篇》。本篇按照"文明理念从何而来、如何为当代中国所用"的编写逻辑，综合借鉴"中华思想文化术语传播工程"有关成果，择重从修为、民本、善治、交往 4 个部分，选取 80 个关键词进行简明扼要的介绍和解读，阐发中华文明讲仁爱、重民本、守诚信、崇正义、尚和合、求大同的精神特质和发展形态，展现中国人"用典—治世"的文化自信，促进中外文明交流互鉴。本书为中外对照版，由于能力及时间所限，在中文词条遴选编写时，难免挂一漏万。为使译文更符合目标语读者的阅读习惯，我们对翻译表达进行了创新探索，旨在提升读者的阅读体验。

"中国关键词多语对外传播平台"是中国外文出版发行事业局、当代中国与世界研究院和中国翻译研究院联合实施的国家对外话语创新重点项目，主要围绕习近平新时代中国特色社会主义思想，进行中文词条专题编写、解读以及多语种编译，通过平面、网络和移动社交平台等多媒体、多渠道、多形态及时持续对外发布，旨在以外国受众易于阅读和理解的方式，阐释中国思想和中国道路，解读中国理念和中国方案。

讲故事需要关键词，讲好中国故事需要中国关键词。让我们用"中国关键词"点击中国、沟通世界。

책 머 리 에

중국은 백만 년의 인류사, 일만 년의 문화사, 오천 년의 문명사를 가지고 있다.

기나긴 역사 흐름 속에서 중화 민족은 자강불식의 결의와 의지로 온갖 고난과 역경을 이겨내고 세계 다른 문명체와는 다른 발전의 길을 걸었고 눈부신 중화 문명을 이룩하여 인류 문명 발전 사업에 중대한 기여를 했다. 중화 문명은 연원이 깊고 사상이 심오하며 중화 민족의 독특한 정신적 표지(標識)이고, 당대 중국 문화의 토대이며, 전 세계 중국인을 연결하는 정신적 유대이자 중국 문화 혁신의 보고(寶庫)다. 중국 공산당 18차 당대회 이후 시진핑(習近平) 주석은 일련의 중요한 연설, 글, 인터뷰에서 고전명작과 명언명구를 박인방증하여 중국의 사상을 설명하고 중국의 목소리를 전달하며 전승과 혁신 가운데서 중화 문명의 경전을 끊임없이 되살려 당대의 가치와 의미를 부여했다.

중화 문명의 이야기를 잘 구연하고, 인류 문명의 새로운 형태에 대한 해외 독자의 이해를 증진시키기 위해 '중국 키워드 다국어 대외 홍보 플랫폼'은 <중국 키워드: 문명이념편>을 기획했다. 본서는 '문명 이념이 어디서 왔고 당대 중국에서 어떻게 활용되었는가'라는 편집 방향에 따라 '중화 사상 문화 용어 전파 사업' 관련 성과를 종합적으로 참고하고, 수위(修為), 민본(民本), 선치(善治), 교왕(交往)의 네 부분으로 나누어 키워드 80개를 선정해 요약하여 소개했다. 이를 통해 인애(仁愛)를 논하고, 민본을 중시하며, 신의를 지키고, 정의를 숭상하며, 화합을 주장하고, 대동(大同)을 추구하는 정신적 특징과 발전 형태를 설명하고, 중국인의 '고전 인용-치세(治世, 세상을 다스리기)’의 문화적 자신감을 보여주었으며, 다른 나라와의 문명 교류와 호감(互鑒, 서로 귀감으로 삼음)을 촉진했다. 본서는 중국어와 외국어 대조본으로 능력과 시간의 한계로 중국어 표제어 선별 및 집필 시 누락 부분이 불가피했다. 번역문이 목표어 독자의 독서 습관에 더 부합하도록 하기 위해 번역 표현을 다듬었고, 독자의 독서체험을 높이기 위한 노력을 아끼지 않았다.

‘중국 키워드 다국어 대외 홍보 플랫폼’은 중국외문출판발행사업국, 당대 중국과 세계 연구원, 중국번역연구원이 공동 진행하는 국가 대외 언어 혁신 중점 프로젝트로 시진핑 주석의 신시대 중국 특색 사회주의 사상을 중심으로 중국어 표제어를 전문적으로 집필, 해석, 다국어 편역을 진행하고, 지면, 인터넷, 모바일 SNS 플랫폼 등 멀티미디어, 다채널, 다양한 형태로 적시에 지속적으로 대외에 발표했다. 이 프로젝트의 취지는 해외 독자가 읽기 편하고 이해하기 쉬운 방식으로 중국의 사상과 중국의 길을 설명하고 중국의 이념과 중국의 방안을 해석해주는 것이다.

이야기를 하려면 키워드가 필요하듯 중국의 이야기를 잘하려면 중국의 키워드가 필요하다. ‘중국 키워드’로 중국을 클릭하고 세계와 소통하고 있다.

목 록
目 录

修为篇
수위편

民本篇
민본편

善治篇
선치편

交往篇
교왕편

修为篇
수위편

修身、齐家、治国、平天下

　　"修身、齐家、治国、平天下"，出自《大学》，意指以个人自身修养为基础，先治理好家庭，进而实行仁政德治，治理好国家，更进而安抚和治理天下百姓，最终求得天下太平。在这一层层扩展的过程中，个人的德行和修养与不同层面的政治抱负息息相关。这是中国古代儒家哲学和政治抱负的重要命题，是对"大学之道"的概括，体现了儒家思想由个人到家庭再到邦国进而到天下的逐步递进的道德政治观。

　　中共十八大以来，习近平多次在讲话中谈及中国知识分子"修身、齐家、治国、平天下"的家国情怀。2014年5月，习近平在北京大学和师生座谈时便引用了这一经典理念，论述如何成就崇高德行和人格，怎样成为经国济世的人才。

수신 , 제가 , 치국 , 평천하

　‘수신, 제가, 치국, 평천하(修身、齊家、治國、平天下)’
는 <대학(大學)>에서 나온 말로 개인 자신의 수양을 기
반으로 먼저 가정을 잘 관리하고, 그 다음 어진 정치와 덕
치를 시행하고 국가를 잘 다스리며, 더 나아가 천하의 백
성을 잘 보듬고 최종적으로 태평성대를 이룬다는 뜻이다.
이렇게 단계별로 확장되는 과정에서 개인의 품성과 수양
은 각 단계의 정치적 포부와 밀접한 관계를 갖는다. 이는
고대 중국의 유가 철학과 정치적 포부에 속한 중요한 명
제이자 ‘대학의 도(大學之道)’를 요약한 것으로 개인에서
가정, 가정에서 국가, 더 나아가 천하에 이르기까지 점진
적으로 확대되는 유가 사상의 도덕·정치관이다.

　중국 공산당 18차 당대회 이후 시진핑(習近平) 주석은
여러 차례의 연설에서 ‘수신, 제가, 치국, 평천하’라는 중
국 지식인의 마음가짐을 언급하였다. 2014년 5월, 시진
핑 주석은 베이징대학교 학생 및 교직원 좌담회에서 이
이념을 인용해 어떡하면 숭고한 품성과 인격을 갖추고,
어떡하면 나라를 다스리고 세상을 구제하는 경국제세(經
國濟世)의 인재가 될 것인가에 대해 논했다.

格物致知

　　"格物致知"出自《大学》，是中国传统文化中的重要概念，表达一种对问题穷追不舍的精神，与诚意、正心、修身、齐家、治国、平天下并称"八条目"。基本含义为用自己学得的知识来分析和判断周围的人物和事物，建立完善的三观。引申为懂得"本心"分辨是非真假，并在与周围的人和事接触时更进一步了解自己，更好地找到自己的定位。

　　2014年5月，习近平在北京大学和师生座谈时谈到，"中国古代历来讲格物致知、诚意正心、修身齐家、治国平天下"，阐发了中国人讲求探究事物原理，从中获得智慧，其目的就是追求诚意、正心、修身、齐家、治国、平天下的境界。

격물치지

　‘격물치지(格物致知)’는 <대학>에서 나온 말로 중국 전통문화의 중요한 개념이다. 이는 어떤 문제를 끝까지 캐묻는 정신으로 성의(誠意), 정심(正心), 수신, 제가, 치국, 평천하와 더불어 여덟 가지 조목(八條目)이라고 한다. 기본적인 뜻은 자신이 배운 지식으로 주위의 인물과 사물을 분석·판단하고, 완벽한 가치관, 인생관, 세계관의 삼관(三觀)을 수립하는 것이다. ‘본심’을 이해해 옳고 그름, 진위를 구별하고, 주위 사람, 사물과 접촉할 때 자신을 더 깊이 이해해 자신의 위치를 잘 정립하는 것이다.

　2014년 5월, 시진핑 주석은 베이징대학교 학생 및 교직원 좌담회에서 “중국은 예로부터 격물치지, 성의정심, 수신제가, 치국평천하”를 말해왔다며 중국인은 사물의 원리를 탐구해 지혜를 얻었고 그 목적은 성의, 정심, 수신, 제가, 치국, 평천하의 경지에 오르기 위한 것이었다고 말했다.

知行合一

知行合一，意指认识事物的道理与实行其事是密不可分的。知是指内心的觉知，对事物的认识；行是指人的实际行动。知与行的合一，既不是以知来合并行，认为知便是行，也不是以行来合并知，认为行便是知，而是内有良知则外有良行，知是基础、是前提，行是重点、是关键。知行合一是中国古代哲学中认识论和实践论的命题，主张人的外在行为是受内在意识支配，认为只有由衷向善做到"知"的人，才有外在自发的善"行"。

中共十八大以来，习近平多次强调"知行合一"，要求党员干部既要加强理论学习，走在前列；又要结合实践，干在实处。2019年3月，习近平在中央党校（国家行政学院）中青年干部培训班发表重要讲话时指出，广大干部特别是年轻干部要在常学常新中加强理论修养，在真学真信中坚定理想信念，在学思践悟中牢记初心使命，在细照笃行中不断修炼自我，在知行合一中主动担当作为。

지행합일

'지행합일(知行合一)'은 사물의 도리를 인식하는 것과 그것을 실행하는 것은 밀접한 관계가 있다는 뜻이다. '지(知)'는 마음의 깨달음으로 사물에 대한 인식을 말하고, '행(行)'은 인간의 실제 행동을 말한다. 지와 행의 합일은 '지가 행을 합쳐 지는 곧 행이다'나 '행이 지를 합쳐 행은 곧 지이다'가 아니라 안으로는 선한 양심인 양지(良知)가 있고 밖으로는 좋은 행동인 양행(良行)이 있는 것으로 지는 기초이자 전제이고 행은 중심이자 핵심이다. 지행합일은 고대 중국 철학의 인식론과 실천론의 명제로 인간의 외재적 행위는 내재적 의식의 지배를 받아 진심으로 선을 지향해 '지'하는 사람만이 자발적으로 선'행'을 할 수 있다고 주장한다.

중국 공산당 18차 당대회 이후 시진핑 주석은 '지행합일'을 여러 차례 강조하면서 당원 간부들에게 이론 학습 강화에서 선봉에 서고, 실천을 결합해 현장에서 일할 것을 요구했다. 2019년 3월, 시진핑 주석은 중앙당교(국가행정학원) 청년 간부 양성반에서 중요한 연설을 하면서 수많은 간부 특히 젊은 간부들은 부단한 학습으로 새로운 지식을 쌓으면서 이론 수양을 강화하고, 열심히 배우고 받아들여 이상과 신념을 굳게 다지며, 학습과 사고, 실천과 깨달음 속에서 초심과 사명을 되새겨, 자신의 행동을 살피고 성실히 행하는 가운데서 끊임없이 자아를 수련하며 지행합일 속에서 주도적으로 담당하고 역할을 발휘해야 한다고 지적했다.

仁者爱人

　　"仁者爱人"的典故，出自《孟子》。"仁者爱人"主要谈论君子与普通人的分别，在于君子能够保持心中的善端，而保持善端的关键，就是将"仁"和"礼"永存心中。"仁者爱人"这句话虽然出自《孟子》，但这一观念却是直接继承孔子的。"仁者"即有仁德的人，是有大智大勇、德行完满、关爱他人、有人格魅力的人。"仁"是儒家文化中最高的道德范畴和境界，其以"爱人"为基本规定，意指"仁"从孝父母、敬兄长开始，进而关爱家族其他成员，并扩大至关心全天下的人。

　　"仁者爱人"，是2014年5月习近平在北京大学师生座谈会上发表讲话时引用的一句名言。在孟子提炼的思想命题下，其被应用于治国理政，强调君子由亲爱亲人而仁爱百姓，由仁爱百姓而爱惜万物。

인자애인

　‘인자애인(仁者愛人)’은 <맹자(孟子)>에서 나온 말이다. ‘인자애인’은 주로 군자와 보통사람의 차이를 말한다. 군자는 마음속 선함을 유지할 수 있는 자로 선함을 유지함에 있어서 핵심이 바로 ‘인(仁)’과 ‘예(禮)’를 마음 속에 간직하는 것이다. ‘인자애인’은 <맹자>에서 나온 말이지만 공자(孔子)로부터 직접 계승했다. ‘인자(仁者)’는 인덕을 갖춘 사람으로 매우 지혜롭고 용감하며 덕행이 있고 타인에게 너그러우며 인격적인 매력을 지닌 사람이다. ‘인’은 유가 문화에서 최고의 도덕 범주이자 경지로 인간을 사랑하는 ‘애인(愛人)’을 기본으로 삼는다. ‘인’은 부모에게 효도하고 윗사람을 공경하는 것에서 시작해 가족과 다른 사람들에게 관심을 갖고 더 나아가 세상 사람들에게 관심을 갖는다는 뜻이다.

　‘인자애인’은 2014년 5월, 시진핑 주석이 베이징대학교 학생 및 교직원 좌담회 연설에서 인용한 명언이다. 맹자가 정리한 이 사상 명제는 국가를 다스리는 것과 국정 운영을 뜻하는 치국리정(治國理政)에 활용되는데 군자는 가족을 사랑하는 것에서 나아가 백성을 인애(仁愛, 어질게 대하고 사랑함)하고 더 나아가 만물을 소중하게 여겨야 함을 강조하였다.

上善若水

　　"上善若水"语出《道德经》，意指至高的善德善举就如同水的品性，默默滋养世间万物而不争强斗胜。老子以水的柔弱之性比喻至善的执政者应有的品德。执政者面对百姓，应该像水之于万物，辅助、成就百姓而不与其相争，后多指为人处世时能像水一样滋润万物，尽己所能帮助他人却从不争名逐利，或者具有坚忍负重、谦卑居下的品格。

　　2014年11月，习近平在亚太经合组织领导人非正式会议欢迎宴会上指出，2000多年前，老子说"上善若水，水利万物而不争"，意思就是说最高境界的善行就像水一样涓涓细流，泽被万物。亚太经合组织以太平洋之水结缘，我们有责任使太平洋成为太平之洋，友谊之洋，合作之洋，见证亚太地区和平、发展、繁荣、进步。

상선약수

‘상선약수(上善若水)’는 <도덕경(道德經)>에서 나온 말로 최고의 선은 물과 같이 조용히 세상 만물을 이롭게 하지만 경쟁하지 않는다는 뜻이다. 노자(老子)는 물의 유약한 성질을 최고의 선으로 비유해 집권자가 가져야 할 품성과 덕성이라고 했다. 집권자는 백성을 대할 때 물이 만물을 이롭게 하는 것처럼 백성을 돕고 백성이 성쥐를 이루도록 해야지 그와 경쟁하지 않는다. 이후 이 말은 처세할 때 물이 만물을 이롭게 하듯 최선을 다해 타인을 돕지만 명예나 이익을 추구하지 않거나 무거운 짐을 참고 견디며 겸손하게 자기를 낮추는 성품을 가리키게 됐다.

2014년 11월, 시진핑 주석은 아시아태평양경제협력체(APEC) 비공식 정상회의 환영만찬에서 2천여 년 전 노자는 ‘상선약수, 수리만물이불쟁(上善若水, 水利萬物而不爭)’을 들면서 최고 경지의 선행은 흐르는 물처럼 만물을 이롭게 한다는 뜻이라고 말했고 APEC은 태평양이라는 물로 인연을 맺었으니 우리는 태평양이 평온의 바다, 우정의 바다, 협력의 바다가 되도록 하여 아태지역의 평화와 발전, 번영과 진보의 증인이 돼야 할 책임이 있다고 하였다.

积善成德

　　"积善成德"出自《荀子》，意为善行好事，长期积小善为大德，就会形成一种高尚的品德。荀子认为，仅仅依循于人的本性，只能导致对外物无休止的争夺，并使群体陷入无秩序的混乱之中；而人的道德有赖于后天的教化，人需要在言行表现上符合礼法的要求，并经过长期积累，逐渐形成对道德、礼法的认同，确立起内在的道德意识。

　　2013年9月，习近平在会见第四届全国道德模范及提名奖获得者时强调，道德模范是社会道德建设的重要旗帜，要深入开展学习宣传道德模范活动，弘扬真善美，传播正能量，激励人民群众崇德向善、见贤思齐，鼓励全社会积善成德、明德惟馨，为实现中华民族伟大复兴的中国梦凝聚起强大的精神力量和有力的道德支撑。

적선성덕

　‘적선성덕(積善成德)’은 <순자(荀子)>에서 나온 말로 선행을 베풀고 좋은 일을 하여 시간이 흘러 작은 선이 큰 선이 되면 고상한 품성과 덕성을 이루게 된다는 뜻이다. 순자는 인간의 본성만을 따를 경우 외물에 대한 쟁탈을 멈추지 않고 또한 무리를 무질서한 혼란에 빠뜨릴 뿐이지 인간의 도덕은 후천적인 교화에 의한 것으로 인산의 언행은 예법에 어긋나지 말아야 하고, 장기간 훈련을 통해 도덕과 예법에 대한 인식을 형성하며 내재된 도덕의식을 확립해야 한다고 간주했다.

　2013년 9월, 시진핑 주석은 제4회 전국 도덕성 모범 및 지명상 수상자들을 회견하면서 도덕성 모범은 사회 도덕 확립의 중요한 기치로 도덕성 모범 홍보·학습 활동을 심도 있게 전개해 진선미를 함양하고, 긍정적인 에너지를 전파하며, 인민 대중이 덕을 숭상하고 선을 지향하며, 현인을 보고 자기도 그처럼 되겠다고 생각하도록 독려하고, 전 사회가 적선성덕과 명덕유형(明德惟馨, 아름다운 덕행만이 향기처럼 그윽함)의 풍조를 권장해 중화 민족의 위대한 부흥인 중국몽(中國夢) 실현에 강력한 정신적 힘과 도덕적 버팀목이 되어야 한다고 강조했다.

自强不息

"自强不息"出自《周易》，意为自身努力向上，强大自己，永不懈怠。古人认为，天体出于自身的本性而运行，刚健有力，周而复始，一往无前从不停息。君子取法于"天"，也应该发挥自己的主动性、能动性，勤勉不懈、奋发进取，这是中国人参照天体运行状态梳理的自身理想。

中共十八大以来，习近平曾在多个场合多次提及"自强不息"。如2014年5月，习近平考察北京大学时强调，"天行健，君子以自强不息"；2017年12月，习近平在中国共产党与世界政党高层对话会上发表的主旨讲话中指出，中国人民没有向命运屈服，而是奋起抗争、自强不息，经过长期奋斗，而今走上了实现中华民族伟大复兴的康庄大道。

자강불식

  '자강불식(自強不息)'은 <주역(周易)>에서 나온 말로 스스로 노력하여 자신을 강대하게 하며 연원히 태만하지 않아야 한다는 뜻이다. 옛 사람들은 천체는 자신의 본성에 따라 운행하고, 강하고 힘이 있으며, 순환을 거듭하고, 쉬지 않고 전진한다고 생각했다. 이렇듯 군자는 '하늘(天)'을 본받아 자신의 적극성과 능동성을 발휘하여 꾸준히 게으르지 않고 진취적이고 분발해야 한다. 이는 중국인이 천체 운행에서 배운 이상적인 모습이다.

  중국 공산당 18차 당대회 이후 시진핑 주석은 여러 장소에서 '자강불식'을 언급했다. 2014년 5월, 시진핑 주석은 베이징대학교를 시찰하면서 하늘이 굳건하게 움직이는 것처럼 군자는 끊임없이 노력해야 한다는 '천행건, 군자이자강불식(天行健, 君子以自強不息. 하늘의 운행이 강건하니 군자는 스스로 노력하여 자신을 강대하게 하며 영원히 태만하지 않다)'을 강조했다. 2017년 12월, 시진핑 주석은 중국 공산당과 세계 정당 고위급대화 기조연설에서 중국 인민은 운명에 굴복하지 않고 분연히 떨쳐 일어나 자강불식했으며 장기간의 분투를 통해 지금은 중화 민족의 위대한 부흥을 실현하는 탄탄대로에 올라섰다고 말했다.

无欲则刚

　　"无欲则刚"出自《论语》中孔子对弟子的评价："子曰：'吾未见刚者。'或对曰：'申枨。'子曰：'枨也欲，焉得刚？'"人的欲望太盛，便难有坚定刚强之德，难以刚正不阿、正道直行。"欲"指各种私欲、贪欲；"刚"即刚正公道、正直有力。"无欲则刚"是一种克己的功夫，讲的是立身处事尤其是执政做官的基本道理：一个人面对来自各方的种种诱惑，应该大公无私、端正品性、淡泊守志，不要有非分的贪图，这样就能一身正气，无所畏惧。

　　2018年3月，习近平在纪念周恩来同志诞辰120周年座谈会上指出，"海纳百川，有容乃大；壁立千仞，无欲则刚"。周恩来同志就是这样的人，他毕生严于律己、艰苦朴素，只求奉献、不思回报，并且告诫领导干部要过好思想关、政治关、社会关、亲属关、生活关，保持共产党人的政治操守和优良作风。

무욕즉강

　'무욕즉강(無欲則剛)'은 <논어(論語)>에서 공자가 제자를 평가할 때 한 말이다. 공자가 "나는 강한 자를 본 적이 없다"고 하자 어떤 이가 "신장(申棖)이 그렇다"고 말했다. 공자는 "신장은 욕심이 많으니 어찌 강하다고 할 수 있겠는가"라고 말했다. 인간의 욕망이 너무 강하면 굳건하고 강직한 덕을 갖기 어렵고 권력에 영합하지 않고 정도(正道)를 걷기 어렵다. '욕(欲)'은 각종 사욕과 탐욕을 가리키고 '강(剛)'은 강하고 곧고 바르며 정직하고 힘이 있는 것을 말한다. '무욕즉강'은 자신을 극복하고자 하는 노력이며 입신과 처세, 특히 집권자의 기본 도리를 말한다. 즉 다방면에서 오는 각종 유혹 앞에서 공평무사하고 품성을 바로 가지며 욕심 없이 지조를 지켜야지 분수에 맞지 않은 욕심을 부려서는 안 된다. 그래야 정직하고 두려울 것이 없다.

　2018년 3월, 시진핑 주석은 저우언라이(周恩來) 전 총리 탄생 120주년 좌담회에서 "해납백천, 유용내대(海納百川, 有容乃大). 벽립천인, 무욕즉강(壁立千仞, 無欲則剛)"이라고 말했다. 즉 바다가 온갖 시냇물을 받아들이는 것처럼 포용력이 있으니 거대하고, 벽이 천 길 높이 서 있는 것처럼 욕심이 없으니 강하다는 뜻이다. 저우언라이는 바로 이런 사람으로 평생 자기 자신에게 엄격하고 검소했으며, 보답을 바라지 않고 헌신하였다면서 지도자 간부는 사상, 정치, 사회, 가족, 생활의 시련을 잘 이겨내고 공산당원으로서의 정치적 절개와 우수한 기풍을 지켜야 한다고 강조했다.

浩然之气

　　"浩然之气"出自《孟子》，意为盛大而充盈于生命之中的正直之气，是一种宏大、刚强之气，是与道义相匹配的，由内而外，非得自于外。个人能够坚守善道，反省自身行事而无愧于心，"浩然之气"就会自然发生并逐渐充盈，使人勇往直前、刚强正直、无所畏惧。一旦形成"浩然之气"，就能摒除疑虑、果决勇敢。

　　2014年2月，习近平在俄罗斯索契接受俄罗斯电视台专访时表示，"读书已成了我的一种生活方式"，并列举出多项读书的好处，"读书可以让人保持思想活力，让人得到智慧启发，让人滋养浩然之气"。

호연지기

 ‘호연지기(浩然之氣)’는 <맹자>에서 나온 말로 생명 속에 크고 넘치는 정직한 기운이라는 뜻이다. 이는 웅대하고 강직한 기운이고, 도의와 어울리는 것이며, 내심에서 우러나는 것이지 외부로부터 비롯된 것은 아니다. 착한 도리을 지키고 자신의 행실을 반성하며 마음에 부끄러움이 없으면 ‘호연지기’가 저절로 생기고 점점 충만해져 용감하게 나가고 강인하며 두려울 것이 없다. ‘호연지기’가 일단 생기면 의심과 걱정이 사라지고 과감하고 용감해진다.

 2014년 2월, 시진핑 주석은 러시아 소치에서 가진 러시아 방송국과의 인터뷰에서 “독서는 내 생활 방식이 됐다”며 독서의 좋은 점을 예로 들면서 “독서는 정신적 활력을 유지해주고 지혜와 깨달음을 주며 호연지기를 길러준다”고 말했다.

天下兴亡，匹夫有责

　　"天下兴亡，匹夫有责"流传极广。形成这一观念的思想渊源，可以追溯于《周易》《大学》《中庸》等典籍，以孟子之学最为集中。而"天下兴亡，匹夫有责"的说法则可溯源于顾炎武《日知录》，本意是指若整个社会出现道德沉沦，那么即使是普通民众也应当奋起救赎。1915年，梁启超有感于民国政府与日本签订不平等条约的屈辱，写下《痛定罪言》一文，认为欲雪国耻的关键在于"我辈之自新"："斯乃真顾亭林所谓'天下兴亡，匹夫有责'也。"

　　习近平多次引用"天下兴亡，匹夫有责"这句话。2014年9月，他在纪念中国人民抗日战争暨世界反法西斯战争胜利69周年座谈会上指出，在中国人民抗日战争的壮阔进程中，形成了伟大的抗战精神，中国人民向世界展示了"天下兴亡，匹夫有责"的爱国情怀。

천하흥망, 필부유책

'천하흥망, 필부유책(天下興亡, 匹夫有責)'은 널리 알려진 말이다. 이 말의 사상적 기원은 <주역>, <대학>, <중용(中庸)> 등으로 거슬러 올라가고 맹자의 학문에서 집중적으로 나타난다. '천하흥망, 필부유책'은 고염무(顧炎武)의 <일지록(日知錄)>에서 나온 말로 사회 전체에 도덕적 타락이 나타나면 일반 백성일지라도 분연히 일어나 잘못을 고쳐야 한다는 뜻이다. 1915년 량치차오(梁啟超)는 민국 정부가 일본과 불평등 조약을 맺자 이를 굴욕으로 여기고 <통정죄언(痛定罪言)>이라는 제목의 글에서 국치를 설욕하려면 "우리 스스로 새로워져야 한다"고 주장하면서 "고염무의 말처럼 '천하흥망, 필부유책'"이라고 하였다.

시진핑 주석은 '천하흥망, 필부유책'이라는 말을 여러 차례 인용했다. 2014년 9월, 중국 인민 항일전쟁 및 세계 반 파시즘전쟁 승리 69주년 좌담회에서 중국 인민은 항일전쟁 과정에서 위대한 항전 정신을 길렀고 전 세계에 '천하흥망, 필부유책'이라는 애국정신을 보여주었다고 말했다.

学者非必为仕，而仕者必为学

"学者非必为仕，而仕者必为学"，出自《荀子》，原文为"君子进则能益上之誉而损下之忧。不能而居之，诬也；无益而厚受之，窃也。学者非必为仕，而仕者必如学。"荀子和孔子一样，强调"学"是"仕"的前提和基础。为官从政不是为学的唯一目标，但是为官者却不能认为达到了目的就可以停止"为学"，反而要继续学习、提高修养，才能实现"齐家、治国、平天下"的理想。如果才学不胜而享厚俸，则无异于行骗盗窃。

习近平引用"学者非必为仕，而仕者必为学"，就是强调领导干部加强学习，不断提高工作水平和质量的重要性。2013年3月，他在中央党校建校80周年庆祝大会暨2013年春季学期开学典礼上引用这一古语，指出领导干部学习不学习不仅仅是自己的事情，本领大小也不仅仅是自己的事情，而是关乎党和国家事业发展的大事情。

학자비필위사, 이사자필위학

'학자비필위사, 이사자필위학(學者非必為仕, 而仕者必為學)'은 <순자>에서 나온 말로 원문은 '군자진즉능익상지예이순하지우. 불능이거지, 무야. 무익이후수지, 절야. 학자비필위사, 이사자필여학(君子進則能益上之譽而損下之憂. 不能而居之, 誣也. 無益而厚受之, 竊也. 學者非必為仕, 而仕者必如學.)'이다. 학문하는 사람은 반드시 벼슬을 할 필요가 없지만 벼슬하는 사람은 반드시 공부를 해야 한다는 뜻이다. 순자는 공자와 마찬가지로 '학문(學)'은 '관리(仕)'가 갖추어야할 기본 덕목이라고 강조했다. 벼슬을 하고 정치를 하는 것이 학문의 유일한 목표는 아니지만 벼슬하는 자는 목표를 이뤘다고 학문에 힘쓰는 '위학(為學)'을 중단해도 된다고 여겨서는 안된다. 오히려 계속 학문에 힘쓰고 수양을 쌓아야 제가, 치국, 평천하의 이상을 실현할 수 있다. 재능과 학문이 모자라면서 후한 봉급을 받는 것은 사기적 행위이고 도둑질과 다르지 않다.

시진핑 주석은 '학자비필위사, 이사자필위학'을 인용하면서 지도자 간부가 배움에 힘써 업무 처리 능력을 부단히 향상해야 하는 중요성을 강조했다. 2013년 3월, 시진핑 주석은 중앙당교 개교 80주년 경축대회 및 2013년 봄학기 개학식에서 이 말을 인용하면서 지도자 간부가 배움에 힘쓰느냐 마느냐, 능력이 뛰어나냐 그렇지 않느냐는 개인 자신에게만 국한되는 일이 아니고 이는 당과 국가 사업 발전에 관계되는 큰일이라고 지적했다.

博学之，审问之，慎思之，明辨之，笃行之

"博学之，审问之，慎思之，明辨之，笃行之"，出自《中庸》。博学，就是广泛地学习；审问，就是仔细地询问，有针对性地提问请教；慎思，就是努力地、谨慎地思考；明辨，就是清楚地分辨；笃行，就是用学习得来的知识和形成的思想指导实践。这句话明确了从"学"到"行"这个过程里的五个阶段，也是循序递进的五个层次。

2013年3月，习近平在中央党校建校80周年庆祝大会暨2013年春季学期开学典礼上的讲话中引用"博学之，审问之，慎思之，明辨之，笃行之"，强调工作太忙绝不是放松学习的理由，学习要善于挤时间并且高效率地运用时间。

박학지, 심문지, 신사지, 명변지, 독행지

'박학지, 심문지, 신사지, 명변지, 독행지(博学之, 审问之, 慎思之, 明辨之, 笃行之)'는 <중용>에서 나온 말이다. 박학은 폭넓게 공부한다는 뜻이다. 심문(审问)은 자세하게 물어본다는 뜻으로 정확한 목표를 겨냥해 질문하고 배움을 청하는 것이다. 신사(慎思)는 열심히, 신중하게 생각한다는 뜻이고, 명변(明辨)은 분명하게 분별한다는 뜻이다. 독행(笃行)은 배움을 통해서 얻은 지식과 사상으로 실천을 지도하는 것이다. 이 말은 '학(學)'에서 '행(行)'까지 5단계 과정을 명확하게 구분했고 순서대로 나아가는 5개 과정이다.

2013년 3월, 시진핑 주석은 중앙당교 개교 80주년 경축대회 및 2013년 봄학기 개학식 연설에서 '박학지, 심문지, 신사지, 명변지, 독행지'를 인용하면서 일이 너무 바쁘다는 핑계로 배움을 소홀히 해서는 안되며, 배움을 위해 시간을 내고 시간을 효율적으로 활용해야 한다고 강조했다.

学如弓弩，才如箭镞

"学如弓弩，才如箭镞"，出自清代诗论家袁枚的《续诗品·尚识》，大意是学识像弓弩，才能如箭头，学识决定才能，正如弓弩引导箭头射出，才会命中靶心。无论阅读别人的作品，还是自己从事创作，学识的高低与深浅，都会直接影响到欣赏水平或创作效果。因此，我们在日常学习中，也需要锤炼出扎实丰厚的学识，这样才能更好地利用自己的才干完成工作目标。

2013年5月，习近平在同各界优秀青年代表座谈时的讲话中指出，"青年的素质和本领直接影响着实现中国梦的进程。古人说：'学如弓弩，才如箭镞。'说的是学问的根基就好比是弓弩，才能就好比是箭头，只要依靠厚实的见识来引导，就可以让才能更好地发挥作用。青年人正处于学习的黄金时期，应该把学习作为首要任务，作为一种责任、一种精神追求、一种生活方式，树立梦想从学习开始、事业靠本领成就的观念，让勤奋学习成为青春远航的动力，让增长本领成为青春搏击的能量。"

학여궁노 , 재여전촉

　'학여궁노, 재여전촉(學如弓弩, 才如箭鏃)'은 청나라의 문인 원매(袁枚)의 <속시품·상식(續詩品·尙識)>에서 나온 말로 학식은 활과 화살이고 재능은 화살촉으로 활이 화살을 쏘아야 화살촉이 과녁에 명중하는 것처럼 학식이 재능을 결정한다는 뜻이다. 다른 사람의 작품을 읽든, 자신이 창작을 하든 학식의 높고 낮음과 깊고 옅음이 감상 수준이나 창작 효과에 직접적으로 영향을 미친다. 따라서 우리는 일상적인 배움에서도 견실하고 풍부한 학식을 연마해야 자신의 재능을 더 잘 활용하고 업무 목표를 달성할 수 있다.

　2013년 5월, 시진핑 주석은 각계 우수 청년 대표 좌담회 연설에서 "청년의 자질과 재능이 중국몽 실현 과정에 직접적인 영향을 미친다. 선인들이 '학여궁노, 재여전촉'이라고 한 것은 학문의 근본을 활과 화살에, 재능을 화살촉에 비유한 것으로 탄탄한 식견이 있어야 가진 재능으로 자신의 역할을 더 잘 발휘할 수 있다. 청년들은 배움의 황금기에 배움을 첫 번째 임무로, 책임으로, 정신적인 추구로, 생활 방식으로 삼아, 꿈은 배움에서 시작되고 사업은 능력에 의지해 성과를 낸다는 개념을 수립해, 배움을 젊음의 동력으로 삼고, 능력 성장을 젊음의 에너지가 되도록 해야 한다"고 말했다.

厚积薄发

厚积薄发，即充分地积累，少量地释放，多指学术研究或文艺创作等首先要广泛汲取前人已有的知识和成果，待有了深厚的积累和坚实的基础，再逐步从事学术研究或文艺创作，尝试提出独到见解或在前人的基础上有所创造。也指一个国家、一个企业在某一领域或某一方面经过长期的积累，开始逐渐展现其实力、创新力及开拓新的局面等。其核心内涵是，凡事不可急于求成，应注重积累，充分准备，才能把事情做好。

2014年10月，习近平在文艺工作座谈会上指出，古往今来，文艺巨制无不是厚积薄发的结晶，文艺魅力无不是内在充实的显现。

후적박발

　‘후적박발(厚積薄發)’은 충분히 축적하고 적게 방출하는 것으로 학술 연구나 문예 창작을 할 때 우선 선인이 이미 이룩한 지식과 성과를 폭넓게 흡수하고 깊게 축적해 견실한 기반이 쌓일 때에 가서 학술 연구나 문예 창작을 하고, 독창적인 견해나 선인의 기반 위에 창조를 시도하는 것이다. 또한 국가나 기업이 어떤 분야에서 오랫동안 노하우를 축적한 다음 점차 실력과 혁신을 발휘해 새로운 국면을 만드는 것을 말한다. 매사 성과에 급급하지 않고 충분히 축적하고 준비해야 일을 잘할 수 있다는 뜻이다.

　2014년 10월, 시진핑 주석은 문예 업무 좌담회에서 예로부터 지금까지 문학과 예술의 대작은 내실을 탄탄히 하여 충분한 준비의 결과(厚積薄發)가 아닌 것이 없었고, 문학과 예술의 매력은 내면의 충만함의 표현이 아닌 것이 없었다고 지적했다.

温故而知新

"温故而知新"出自《论语》，意为温习旧有的知识，并获得新的理解与体会。前人对"温故而知新"的理解主要有两种：其一，将"温故"与"知新"理解为并列的两方面，认为在"温故"的同时就逐步获得新知，"知新"在"温故"的过程中得以实现；其二，将"温故"理解为"知新"的前提与基础，认为没有"温故"，就不可能"知新"，"新"是"故"的进一步发展，并且摒弃了其中陈腐的旧见。在今天，"温故而知新"已经超出一般学习方法的范畴，被视作个体、企业、组织甚至一个国家自我成长的基本机理，涵盖旧与新、古与今、已知与未知、继承与创新等辩证思想。

2014年9月，习近平在纪念孔子诞辰2565周年国际学术研讨会暨国际儒学联合会第五届会员大会开幕会上引用"温故而知新"，强调前人传承的知识积累了人们历史上对处理人、社会、自然三者关系的重要认知和经验，今人创造的知识形成了人们应对时代问题的智慧和探索，这两方面的知识对人类继往开来都十分重要。

온고이지신

　'온고이지신(溫故而知新)'은 <논어>에서 나온 말로 옛 지식을 복습하면 새로운 이해나 새로운 체득이 생길 수 있다는 뜻이다. 옛 사람들은 '온고이지신'을 두 가지 뜻으로 해석했다. 첫째, '온고(溫故)'와 '지신(知新)'을 병렬 관계로 보고 '온고'하는 동시에 '지신'을 하고, '온고'하는 과정에서 '지신'을 실현한다. 둘째, '온고'를 '지신'의 전제이자 기초로 이해하고 '온고'가 없으면 '지신'이 없다고 생각했다. '신(新)'은 '고(故)'의 발전 단계로 동시에 '고' 안에 있는 진부한 견해를 버리는 것을 내포하고 있다. 오늘날 '온고이지신'은 일반적인 학습 방법의 범위를 초월하여 개인, 기업, 조직 더 나아가 국가 성장의 기본 원리로 여겨지며 구(舊)와 신(新), 고(古)와 금(今), 이지(已知)와 미지(未知), 계승과 혁신 등 변증 사상을 포괄한다.

　2014년 9월, 시진핑 주석은 공자 탄생 2565주년 기념 국제 학술세미나 및 국제 유학연합회 제5회 회원총회 개막식에서 '온고이지신'을 인용하며 선인이 물려준 지식은 역사적으로 인간과 사회, 자연의 삼자 관계를 이해하는 중요한 인식과 경험을 축적한 것이고, 오늘날 사람들이 창조한 지식은 시대의 문제를 풀어나가는 지혜와 탐색을 가능케 한 것이므로 이 두 지식은 옛 것을 계승해 미래를 개척하는 데 매우 중요하다고 강조했다.

读万卷书，行万里路

　　"读万卷书，行万里路"，出自董其昌《画禅室随笔》，意为要努力读书，尽可能多地了解书本知识，掌握间接经验；同时要尽可能多地接触实际，丰富自己的亲身体验，开阔眼界、增进见识。只有理论与实际相结合，间接经验与直接经验相结合，才能既有真才实学，又能学以致用。

　　2013年3月，习近平在俄罗斯中国旅游年开幕式上引用"读万卷书，行万里路"，指出中华民族自古就把旅游和读书结合在一起，旅游是传播文明、交流文化、增进友谊的桥梁，是人民生活水平提高的一个重要指标。

독만권서 , 행만리로

　'독만권서, 행만리로(讀萬卷書, 行萬里路)'는 동기창(董其昌)의 <화선실수필(畫禪室隨筆)>에서 나온 말로 열심히 독서해 그 책의 지식을 최대한 이해하고 간접 경험을 쌓으면서 동시에 현실을 최대한 많이 접촉해 실제 경험을 풍부하게 쌓아 시야와 식견을 넓히라는 뜻이다. 이론과 실제, 간접 경험과 직접 경험을 결합해야만 진정한 재능과 학식을 얻고 그것을 활용할 수 있다.

　2013년 3월, 시진핑 주석은 러시아-중국 관광의 해 개막식에서 '독만권서, 행만리로'를 인용하고 중화 민족은 예로부터 여행과 독서를 결합했다며 여행은 문명 전파, 문화 교류와 우의를 증진하는 다리이고 인민의 생활 수준 향상을 나타내는 중요한 지표라고 말했다.

千里之行，始于足下

"千里之行，始于足下"，语出《道德经》，意为哪怕千里远的行程，也要从迈第一步开始。这句话多用来形容大事都是由小事逐渐发展演变而来的，再远大的目标也要从点滴小事做起，逐步实现；引申说明任何事情都需要从头做起，一个好的开始往往是事情成败的关键，远大的理想和抱负需要脚踏实地地推动，才能完成既定的任务。

2021年11月，习近平在中非合作论坛第八届部长级会议开幕式上的主旨演讲中引用"千里之行，始于足下"，站在构建新时代中非命运共同体的历史起点上提出了4点务实主张。

천리지행 , 시어족하

'천리지행, 시어족하(千里之行, 始於足下)'는 <도덕경>에서 나온 말로 천 리 길도 첫걸음부터 시작된다는 뜻이다. 이 말은 큰 일도 작은 일로부터 시작해 점차 발전한다는 것을 나타낼 때 주로 쓰이며, 아무리 원대한 목표라도 작은 일부터 시작해 조금씩 실천해야 한다는 것이다. 어떤 일이든 처음 시작이 있고, 좋은 시작은 종종 일의 성패를 좌우하며, 원대한 이상과 포부도 착실하게 추진해야 정해진 과제를 완성할 수 있다는 뜻으로도 쓰인다.

2021년 11월, 시진핑 주석은 중국-아프리카 협력포럼(FOCAC) 제8차 장관급회의 개막식 기조연설에서 '천리지행, 시어족하'를 인용하고 새로운 시대 중국과 아프리카의 운명공동체 구축이라는 역사적 출발점에서 네 가지 실무적인 제안을 하였다.

路漫漫其修远兮，吾将上下而求索

"路漫漫其修远兮，吾将上下而求索"，出自屈原《离骚》，大意为在追寻真理方面，前方的道路还很漫长，但我将百折不挠、不遗余力地去追求和探索。

2016年7月，习近平在庆祝中国共产党成立95周年大会上引用"路漫漫其修远兮，吾将上下而求索"，阐述从实现"两个一百年"奋斗目标，到实现中华民族伟大复兴的中国梦，中国正在奋斗的历史征程中，以此激励全党同志"不忘初心、继续前进"。

노만만기수원혜, 오장상하이구색

　'노만만기수원혜, 오장상하이구색(路漫漫其修遠兮, 吾將上下而求索)'은 굴원(屈原)의 <이소(離騷)>에서 나온 말로 진리를 추구하는 길은 멀지만 그래도 나는 백절불굴의 정신으로 최선을 다해 추구하고 모색하겠다는 뜻이다.

　2016년 7월, 시진핑 주석은 중국 공산당 창당 95주년 경축대회에서 '노만만기수원혜, 오장상하이구색'을 인용하고 '두 개 100년' 분투 목표 실현에서 중화 민족의 위대한 부흥인 중국몽의 실현까지, 중국은 현재 분투의 역사적 노정에 있다며 전체 당원들에게 '초심을 잊지 말고 계속 전진하라'고 격려했다.

穷则变，变则通，通则久

"穷则变，变则通，通则久"，出自《周易·系辞下》，意为事物达到极限就会发生变化，发生变化才能通顺，通顺则能长久，这是对事物变化规律的一种认识。也就是说，事物处于不断的变化之中，并会在极致时朝向对立面转化。人应该把握这一事物变化规律，在穷极之时寻找变化的契机，促成事物的改变，以实现通顺长久的发展。这一理念概括了自然变化的一个基本特征，即万事万物发展到一定阶段，会遇到瓶颈，原先有利的条件也会成为进一步发展的障碍。这时要主动适应，在变化中寻求新的发展路径，并通过不断动态调整，保证工作、事业能够稳定持续地发展。

习近平在纪念中国人民抗日战争暨世界反法西斯战争胜利69周年座谈会和在中国科学院第十九次院士大会、中国工程院第十四次院士大会上的讲话中均提到了"穷则变，变则通，通则久"。

궁즉변, 변즉통, 통즉구

'궁즉변, 변즉통, 통즉구(窮則變, 變則通, 通則久)'는 <주역·계사하(周易·系辭下)>에서 나온 말로 사물이 극에 달하면 변화가 발생하고, 변화가 발생해야 통할 수 있으며, 통하면 오래 갈 수 있다는 뜻이다. 이는 사물의 변화 법칙에 대한 인식이다. 즉, 사물은 계속 변화하는 가운데 극에 달하면 대립면을 향해 전환한다. 인간은 이런 사물의 변화 법칙을 파악해 극에 달했을 때 변화의 기회를 잡아 사물의 변화를 촉진함으로써 순조롭고 장구한 발전을 이뤄야 한다. 이 철학은 자연 변화의 기본 특징을 설명한 것으로 만사와 만물이 어느 단계까지 발전하다보면 정체가 되고 기존에 유리했던 조건도 진일보한 발전의 장애가 된다. 이때 능동적으로 적응해 변화에서 새로운 발전 노선을 모색하고 적극적인 조정을 통해 일과 사업이 안정적이고 지속적으로 발전하도록 해야 한다.

시진핑 주석은 중국 인민 항일전쟁 및 세계 반 파시즘 전쟁 승리 69주년 좌담회, 중국과학원 제19차 원사대회, 중국공정원 제14차 원사대회 연설에서 '궁즉변, 변즉통, 통즉구'를 언급했다.

君子一言，驷马难追

　　"君子一言，驷马难追"，出自《论语》，意为一句话说出了口，就是套上四匹马的快车也难追上。形容话已说出口，就没法再收回。也指代君子重诺，不会轻易违背自己的诺言，而中国人历来讲究以真诚之心，行信义之事。

　　2013年3月，习近平在接受金砖国家媒体联合采访时指出，中国已经多次向国际社会庄严承诺，将坚定不移走和平发展道路，永远不称霸，永远不搞扩张。君子一言，驷马难追，实践已经证明中国是说到做到的。中国也希望世界各国都走和平发展道路，共同致力于促进世界和平与发展。

군자일언 , 사마난추

　‘군자일언, 사마난추(君子一言, 駟馬難追)’는 <논어>에서 나온 말로 말이 입밖으로 나오면 네 마리 말도 따라잡을 수 없다는 뜻이다. 한 번 내뱉은 말은 되돌릴 수 없다는 것이다. 다른 말로 하면 군자는 한번 약속하면 자신의 언약을 쉽게 저버리지 않는다는 것으로 중국인은 예로부터 진실한 마음과 신의를 지키는 행동을 중요시했다.

　2013년 3월, 시진핑 주석은 브릭스(BRICS) 국가 언론 매체와의 공동 인터뷰에서 중국은 이미 여러 차례 국제사회에 평화 발전의 길을 확고하게 걸어 갈 것이고, 영원히 패권을 부르짖지 않으며, 세력 확장을 하지 않을 것이라고 엄숙하게 약속했다고 말했다. ‘군자일언, 사마난추’라는 말처럼 중국은 말한 바를 꼭 지켰다. 중국은 세계 각국이 평화 발전의 길을 걷고 세계 평화 발전 촉진에 힘써주길 바란다.

言必信，行必果

"言必信，行必果"，出自《论语》，意为说话一定要有诚信，做事一定要有成效。儒家认为，统治者要言而有信、取信于民，只有这样才能得到百姓拥戴，也只有这样百姓才能敢于说出真话。后世在运用这一术语时，多强调一个人应该讲求诚信、做事有始有终，不仅要兑现承诺，而且要言行一致。

2017年1月，习近平在中国共产党第十八届中央纪律检查委员会第七次全体会议上的讲话中强调，我们的先人们有大量劝导人们向上向善的警句名言，如"言必信，行必果"等，这些有益的思想观点，要结合时代条件加以继承和发扬，以坚守中国人的价值观，保持做人干事的精神风骨。

언필신 , 행필과

'언필신, 행필과(言必信, 行必果)'는 <논어>에서 나온 말로 말에는 반드시 신의가 있어야 하고 행동에는 반드시 결과가 있어야 한다는 뜻이다. 유가에서는 통치자의 말에는 신의가 있어야 하고, 백성의 신뢰를 얻어야만 백성의 추대를 받을 수 있으며, 그래야 백성이 진실을 말한다고 생각했다. 후세에는 인간은 마땅히 신의를 추구해야 하고, 일할 때는 시작과 끝이 있어야 하며, 약속을 지키고 언행이 일치해야 한다는 것을 강조할 때 많이 쓰인다.

2017년 1월, 시진핑 주석은 중국 공산당 제18기 중앙 기율검사위원회 제7차 전체회의 연설에서 우리 선인들은 '언필신, 행필과'와 같은 선을 권유하고 발전을 지향하는 (向上向善) 수많은 명언을 남겼다며 이런 유익한 사상을 시대의 조건과 결합해 계승·함양 하고, 중국인의 가치관을 고수하며, 업무와 처세에 있어서 높은 품격을 유지해야 한다고 강조했다.

吾日三省吾身

"吾日三省吾身"出自《论语》，意指每天多次反省自己、检视自己，发现自身缺点，弥补自身不足。"吾日三省吾身"是儒家所主张的一种道德方法，认为德行的确立取决于自身的努力和追求，因此需要时时反省自己的言行与内心，并以此作为修养道德的基本方法。

2013年6月，习近平在党的群众路线教育实践活动工作会议上谈及"照镜子、正衣冠、洗洗澡、治治病"的总要求时，指出正衣冠，主要是在照镜子的基础上，按照为民务实清廉的要求，勇于正视缺点和不足，严明党的纪律特别是政治纪律，敢于触及思想、正视矛盾和问题，从自己做起，从现在改起，端正行为，自觉把党性修养正一正、把党员义务理一理、把党纪国法紧一紧，保持共产党人良好形象。正衣冠往往一天一次不够，需要"吾日三省吾身"。

오일삼성오신

　'오일삼성오신(吾日三省吾身)'은 <논어>에서 나온 말로 날마다 세 번 자신을 반성하고 살펴보고 자신의 결점을 발견하여 부족을 보완한다는 뜻이다. '오일삼성오신'은 유가에서 주장하는 도덕 양성법으로 덕행 확립은 자신의 노력과 추구에 달려 있기 때문에 늘 자신의 언행과 마음을 반성하고 이를 도덕 수양의 기본 방법으로 삼아야 한다.

　2013년 6월, 시진핑 주석은 당의 대중 노선 교육 실천 활동 업무회의에서 '거울을 보고, 의관을 정돈하며, 목욕을 하고, 병을 치료하라(照鏡子, 正衣冠, 洗洗澡, 治治病)'고 요구하면서 의관을 정돈하는 것은 거울을 보는 기초위에서 인민을 위해 일하고 청렴하라는 요구대로 자신의 결점과 부족을 직시하고, 당의 기율 특히 정치 기율을 엄격하게 지키며, 사상을 점검하고, 모순과 문제를 직시할 줄 알며, 자기 자신부터 행동하고, 지금 당장 시정하고, 행동을 단정하게 하며, 자각해 당성(黨性)을 바로잡고, 당원의 의무를 되새기며, 당의 기율과 국가 법률을 단단히 지켜 공산당원의 좋은 이미지를 유지하는 것이라고 말했다. 의관 정돈은 하루에 한 번만으로 부족할 때가 많아 '오일삼성오신'이 필요하다.

从善如登，从恶如崩

"从善如登，从恶如崩"，出自《国语》，大意为顺从良善如登山一样艰难，屈从邪恶如山崩一般迅速。从善之难，从恶之易，是古代先贤的劝世箴言，广为后世政治家所重视。要舍恶从善，一是内心要有强大的信念做"防护堤"，二是要有良师益友互为提点。立志须坚，交友须慎，对于青年群体来说尤为切要。

2013年5月，习近平在同各界优秀青年代表座谈时强调，青年人要牢记"从善如登，从恶如崩"的道理，始终保持积极的人生态度、良好的道德品质、健康的生活情趣。

종선여등 , 종악여붕

　'종선여등, 종악여붕(從善如登, 從惡如崩)'은 <국어(國語)>에서 나온 말로 선을 좇는 것은 산을 오르는 것처럼 어렵고 악에 굴복하는 것은 산이 무너지는 것처럼 빠르다는 뜻이다. 선을 좇는 것은 어렵고 악을 좇는 것은 쉽다는 말은 고대 선현이 남긴 잠언으로 후세 정치가들이 주목했다. 악을 버리고 선을 따르려면 첫째, 강력힌 신념으로 '방파제'를 쳐야 하고 둘째, 좋은 스승과 유익한 친구를 두어 서로 일깨워주어야 한다. 뜻 세우기에는 굳건해야 하고 친구 사귀기에는 신중해야 한다는 것은 특히 청년들에게 절실하고 중요한 대목이다.

　2013년 5월, 시진핑 주석은 각계 우수 청년 대표 좌담회에서 청년들은 '종산여등, 종악여붕'의 이치를 깊이 새기고 적극적인 태도와 올바른 도덕성, 건강한 삶의 자세를 가져야 한다고 강조했다.

满招损，谦受益

　　"满招损，谦受益"，语出《尚书》，意为骄傲自满会招致损害，谦虚谨慎会得到益处。"满"即自满、自负；"谦"即"敬"，由衷地恭顺谨慎。古人认为，一切都在不断变化，优劣成败会转化；人需要与时俱进，不断努力，不能满足于已经取得的成绩而裹足不前；要谦虚谨慎、虚怀若谷，时时克服自身的不足。

　　2012年12月，习近平与在华工作的外国专家座谈时谈到"满招损，谦受益"，指出中国已经取得举世瞩目的发展成就，但仍是一个发展中国家，仍然面临一系列严峻挑战，还有许多需要面对和解决的问题。我们既不妄自菲薄，也不妄自尊大，更加注重学习吸收世界各国人民创造的优秀文明成果，同世界各国相互借鉴、取长补短。

만초손, 겸수익

　‘만초손, 겸수익(滿招損, 謙受益)’은 <상서(尚書)>에서 나온 말로 오만하고 자만하면 손해를 부르고 겸손하고 신중하면 이익이 생긴다는 뜻이다. ‘만’은 자만, 자긍하고 ‘겸’은 ‘경(敬)’으로 진심으로 공손하고 신중하다는 뜻이다. 옛 사람들은 모든 것은 끊임없이 변하고, 우열성패도 전환되기 때문에 인간은 시대와 함께 발전하고 끊임없이 노력해야지 이미 거둔 성과에 만족한 채 멈춰서는 안 된다고 생각했다. 또한 겸허하고 신중한 자세로 자신의 부족한 점을 극복해야 한다.

　2012년 12월, 시진핑 주석은 중국에서 일하는 외국인 전문가 좌담회에서 ‘만초손, 겸수익’을 말하며 중국은 전 세계가 주목할 만한 성과를 거뒀지만 아직 개발도상국이고, 여전히 심각한 도전에 직면해 해결해야 할 문제가 많다고 지적했다. 우리는 함부로 자신을 낮추지 않고, 함부로 잘난 체하며 거만하게 행동하지도 않으면서 세계 각국의 인민이 창조한 우수한 문명 성과를 배우고 익히며, 세계 각국과 서로 배우면서 장점은 취하고 단점은 보완하는 것에 더 집중해야 한다고 하였다.

敬业乐群

"敬业乐群"语出《礼记》，意为认真恭谨地对待自己的分内之事，乐于与人相处。"业"本指学业，也可理解为自己所从事的职业、工作及分内之事；"群"本指同学、朋友，也可理解为团队和社会。"敬业"强调的是业务性，"乐群"强调的是社会性。具备这两方面特质，被认为是对每一个受教育者或职业人的基本要求，这也是构成健康、良好社会的基本条件。

2014年10月，习近平在文艺工作座谈会上指出，中华民族在长期实践中培育和形成了独特的思想理念和道德规范，有崇仁爱、重民本、守诚信、讲辩证、尚和合、求大同等思想，有自强不息、敬业乐群、扶正扬善、扶危济困、见义勇为、孝老爱亲等传统美德。中华优秀传统文化中很多思想理念和道德规范，不论过去还是现在，都有其永不褪色的价值。

경업락군

　‘경업락군(敬業樂群)’은 <예기(禮記)>에서 나온 말로 자신의 본분에 속하는 일을 진지하고 정중하게 대하고 사람들과 어울리는 것을 즐긴다는 뜻이다. ‘업(業)’은 원래 학업을 일컫는 말이지만 자신이 종사하는 직업, 일, 본분으로도 이해할 수 있다. ‘군(群)’은 원래 학우, 친구를 일컫는 말이지만 단체와 사회로도 이해할 수 있다. ‘경업’은 업무성을 강조하고, ‘락군’은 사회성을 강조한다. 이 두 특징은 교육을 받는 사람이나 직업인이 갖추어야 할 기본 소양으로 인식된다. 이는 또한 건강한 사회의 기본 조건이다.

　2014년 10월, 시진핑 주석은 문예 업무 좌담회에서 중화 민족은 오랜 실천 속에서 독특한 사상 철학과 도덕 규범을 육성하고 형성했다며 인애(仁愛)를 숭상하고, 민본을 중시하며, 신의를 지키고, 변증을 논하며, 화합을 주장하고, 대동(大同)을 추구하는 등의 사상과 자강불식, 경업락군, 우수한 기풍을 널리 함양하고, 위험과 곤궁에 빠진 사람을 도와주며, 정의에 앞장서고, 노인을 공경하고 가족을 사랑하는 전통 미덕이 있다고 말했다. 중화의 우수한 전통문화에 담긴 사상 철학과 도덕 규범은 과거나 지금이나 영원히 퇴색되지 않는 가치를 지닌다.

君子之交淡如水

"君子之交淡如水"出自《庄子》，意为君子之间的交情建立在道义基础之上，高雅纯净，清淡如水。君子之间的交往，与"小人之交"相对。"君子"是品德高尚的人，他们之间的交往是因为志同道合，看似平淡如水，实则情深义重；"小人"是品德低下的人，他们之间的交往是为了谋取私利，看似表面亲密，实则利尽义绝。"君子之交"自古为中国人所崇尚，其中蕴含着重道义、轻私利，褒君子、贬小人的价值观念。

2013年3月，习近平在参加十二届全国人大一次会议江苏代表团审议时强调，现在的社会，诱惑太多，围绕权力的陷阱太多。面对纷繁的物质利益，要做到君子之交淡如水，"官""商"交往要有道，相敬如宾，而不要勾肩搭背、不分彼此，要划出公私分明的界限。

군자지교담여수

'군자지교담여수(君子之交淡如水)'는 <장자(莊子)>에서 나온 말로 군자 간의 우의는 도의를 기반으로 형성돼 고상하고 순결하며 물처럼 담백하다는 뜻이다. 군자 간의 교류는 '소인지교(小人之交)'와는 다르다. '군자'는 품성과 덕성이 고상한 사람으로 그들의 교류는 마음이 맞고 지향하는 바가 같기 때문에 겉으로 보기에는 물처럼 담백하시만 실제로는 정이 깊고 의리가 강하다. '소인'은 품성과 덕성이 낮은 사람으로 그들의 교류는 사적인 이익을 추구하기 때문에 겉으로 보기에는 친밀한 것 같지만 실제로는 이익이 다하면 의절한다. '군자지교'는 예로부터 중국인이 숭상한 가치관으로 도의를 중시하고 사적인 이익을 가볍게 여긴다는 뜻이 내포돼 있고, 군자를 높이 평가하고 소인은 낮게 평가하는 가치관이 담겨 있다.

2013년 3월, 시진핑 주석은 제12기 전국인민대표대회 1차회의 장쑤(江蘇)대표단 심의에 참석해 현대 사회는 유혹이 많고 권력을 둘러싼 함정도 많다고 강조했다. 수많은 물질적 이익 앞에서 '군자지교담여수'해야 하고, '관(官)원'과 '상(商)인'들이 왕래할 때는 도를 지키며 서로를 손님처럼 여겨야 하고 지나치게 가깝게 지내서는 안되며, 공과 사를 분명하게 구분해야 한다.

民本篇
민본편

民惟邦本

"民惟邦本"出自《尚书》，指民众是国家的根本或基础，只有百姓安居乐业、生活稳定，国家才能安定。"民惟邦本"的民本思想警示统治者要重视人民的力量，因而治理的关键在于实行仁政德治，以民生优先。中国共产党作为执政党，始终坚持"江山就是人民，人民就是江山"的鲜明立场，始终践行"全心全意为人民服务"的根本宗旨，始终依靠人民推动历史前进。

中共十八大以来，习近平在系列重要讲话中多次引用"民惟邦本，本固邦宁"的政治格言，充分表达了他一贯坚持的"以民为本，执政为民"的治国理念。2014年5月，习近平在北京大学师生座谈会上的讲话中将"民惟邦本"列为中华文化核心理念的第一条。

민유방본

　'민유방본(民惟邦本)'은 <상서>에서 나온 말로 백성이 국가의 근본이자 기초로 백성이 평안하게 살면서 즐겁게 일하고 생활이 안정돼야 국가가 안정될 수 있다는 뜻이다. '민유방본'의 민본사상은 통치자에게 백성의 힘을 중요하게 생각해야 한다고 경고한다. 따라서 통치의 핵심은 어진 정치와 덕치를 행하는 것이고 민생을 우선시해야 한다. 집권당인 중국 공산당은 '강산이 바로 인민이고, 인민이 바로 강산이다'라는 분명한 입장을 견지하고, '전심전력을 다해 인민에게 복무한다'는 근본 취지를 항상 실천하며, 인민에 의지해 역사의 전진을 추진하고 있다.

　중국 공산당 제18차 당대회 이후 시진핑 주석은 중요한 연설에서 백성이 국가의 근본이고, 근본이 튼튼해야 나라가 평안하다는 '민유방본, 본고방녕(民惟邦本,本固邦寧)'의 정치 격언을 여러 차례 인용해 '나라의 근본인 인민을 위해 집권한다'는 정치 이념을 충분히 밝혔다. 2014년 5월, 시진핑 주석은 베이징대학교 학생 및 교직원 좌담회 연설에서 '민유방본'을 중화 문화 핵심 철학의 첫째로 꼽았다.

天时地利人和

　　"天时地利人和"出自《孟子》："天时不如地利，地利不如人和。"此外，《孙膑兵法》也提到："天时、地利、人和，三者不得，虽胜有殃。"这一观念强调作战时的自然气候条件、地理环境和人心向背等因素均应予以深思熟虑。"天时"本指作战时的有利气候，泛指时间上的各种有利条件，包括天气、时机、机遇等；"地利"本指作战时的有利地形，泛指空间上的各种有利条件，包括地形、地势、区位等；"人和"本指得到人们拥护，上下同心、团结一致，泛指人的优势。古人认为，它们是事关成败的三种最重要的因素，其中首要的是"人和"。这一观念反映了中国人考虑问题的三个基本向度——时间（时机）、空间（环境）和人，体现了"以人为本"的基本理念。

　　2013年6月，习近平在出席中墨企业家会议时指出，中墨经贸合作具有天时地利人和，发展前景广阔。希望两国各界携起手来，始终将对方发展视为自身发展的重要机遇，图发展、谋共赢，为中墨关系开创更加美好未来。

천시지리인화

'천시지리인화(天時地利人和)'는 <맹자>의 '천시(天時)는 지리(地利)만 못하고, 지리는 인화(人和)만 못하다(天時不如地利, 地利不如人和)'라는 말에서 나왔다. <손빈병법(孫臏兵法)>에서도 '천시, 지리, 인화 세 가지를 얻지 못하면 승리해도 후환이 남는다(天時、地利、人和, 三者不得, 雖勝有殃)'고 말했다. 이 개념은 전쟁을 할 때 자연, 기후 조건, 지리 환경, 민심의 향배 등을 심사숙고해야 한다는 것을 강조한다. '천시'는 원래 전쟁에 유리한 기후를 말하지만 날씨, 시기, 기회 등 시간적으로 유리한 조건을 두루 일컫는다. '지리'는 원래 전쟁에 유리한 지형을 말하지만 지형, 지세, 위치 등 공간적으로 유리한 조건을 두루 일컫는다. '인화'는 원래 백성의 지지를 얻어 상하가 한마음으로 단결한다는 뜻이지만 인적 우세를 두루 일컫는다. 옛 사람들은 위의 세가지 요인이 일의 성패를 가르는 가장 중요한 요인이고 그중 으뜸은 '인화'라고 생각했다. 이는 중국인들이 문제를 풀 때 세 가지 기본 방향인 시간(시기), 공간(환경), 사람을 생각하고 그 중 '인간을 근본으로 삼는' 기본 철학을 보여준 것이다.

2013년 6월, 시진핑 주석은 중국-멕시코 기업인회의에 참석해 중국과 멕시코의 경제무역 협력은 천시지리인화를 갖춰 발전 전망이 밝다고 지적했다. 양국의 각계 인사들이 서로 손잡고 상대의 발전을 자국 발전의 중요한 기회로 삼아 발전을 꾀하고 상생을 모색해 중국과 멕시코 관계에 더 나은 미래를 열기 바란다고 하였다.

政得其民

"政得其民"出自《孟子》，意为治理国家要得到人民的认可，政令施行要重视民心民意。中国人认为，民心是最大的政治。一个政党，一个政权，其前途和命运最终取决于人心向背。

2014年10月，习近平在中共十八届中央政治局第十八次集体学习时的讲话中提到"政得其民"等古代治国理政经验作为当代国家治理的镜鉴，体现了中共中央以人民为中心的治国理政思想和密切联系群众的根本工作路线，展示了发展全过程人民民主、推进国家治理体系和治理能力现代化的中国智慧。

정득기민

　‘정득기민(政得其民)’은 <맹자>에서 나온 말로 국가를 통치하려면 백성의 인정을 받아야 하고 법령을 시행하려면 민심과 민의를 중요시해야 한다는 뜻이다. 중국인은 민심을 가장 큰 정치라고 생각한다. 정당과 정권의 미래와 운명은 결국 민심의 향배에 따라 결정된다.

　2014년 10월, 시진핑 주석은 중국 공신딩 제18기 중앙정치국 제18차 단체학습 연설에서 ‘정득기민’ 등 고대 국정운영 경험을 당대 국가 관리의 거울로 삼아야 한다고 말했다. 이로써 중국 공산당 중앙위원회가 인민을 중심으로 하는 국정운영 사상과 대중과 밀접하게 연계된 업무노선을 구현하여, 전 과정에서 인민 민주주의를 발전시키고 국정운영 체계와 운영 능력 현대화를 추진하는 중국의 지혜를 보여주었다.

国泰民安

"国泰民安"出自《梦粱录》，意为国家太平无事，社会和谐安定，人民生活幸福。这是自古以来每一位正直的执政者所努力追求的治理目标和治理状态，也是每一个普通百姓所抱持的生活愿景。其关键在于"泰"与"安"，即安定、平和被认为是国家和人民的共同福祉，体现了中国人崇尚和平安定的精神。

习近平在发表2021年、2022年及2023年新年贺词时，都以"国泰民安"作为祝福结束语，表达了对开启新征程、开创新格局的美好希冀，也表达了对全国人民安居乐业的诚挚祝愿。可以说，这是他心系家国、情牵天下的生动写照。

국태민안

　‘국태민안(國泰民安)’은 <몽량록(夢粱錄)>에서 나온 말로 나라가 무사태평하고, 사회가 조화롭고 안정적이며, 백성의 삶이 행복하다는 뜻이다. 이는 예로부터 정직한 집권자가 노력해서 추구한 통치 목표이고, 모든 백성이 꿈꾸는 삶이다. 여기서 핵심은 ‘태(泰)’와 ‘안(安)’으로 평화와 안정은 국가와 인민이 추구하는 공동의 복지이고 평화와 안정을 숭상하는 중국인의 정신을 보여준다.

　시진핑 주석은 2021년, 2022년과 2023년 신년 축하 연설에서 ‘국태민안’으로 신년사를 마무리해 새로운 노정을 시작하고 새로운 국면을 여는 것에 대한 기대를 드러내면서 전국 인민의 평안한 삶을 진심으로 기원했다. 이는 시진핑 주석이 국가를 늘 마음에 두고 천하를 걱정한다는 것을 잘 보여준다고 할 수 있다.

政通人和

"政通人和"语出《岳阳楼记》，意为政事通达，人民和顺。"政通"即国家政策、法令等能够全面贯彻落实，政治事务运转顺畅有效；"人和"即人人各得其宜、上下一心、团结融洽。作为良好的治理状态，它与"国泰民安"相近，但更加强调"人"的因素，并凸显"政通"与"人和"互为因果的关系。

2017年3月，习近平参加十二届全国人大五次会议辽宁代表团审议时指出，一个地方要实现政通人和、安定有序，必须有良好政治生态。当代中国改革发展稳定任务之重、矛盾风险挑战之多、治国理政考验之大都前所未有，只有坚持全面从严治党，营造风清气正的良好政治生态，才能更好地凝心聚力，为干事创业激发内在动力、创造外部条件。

정통인화

  '정통인화(政通人和)'는 <악양루기(岳陽樓記)>에서 나온 말로 정무가 원활하게 추진되고 백성이 화목하고 온순하다는 뜻이다. '정통'은 국가 정책과 법령 등이 전면적으로 시행되고 정치 사무 운영이 효과적이고 순조롭게 진행된다는 뜻이다. '인화'는 백성이 고루 만족하고 상하가 한마음이며 조화롭고 단결하다는 뜻이다. 양호한 통치 상내인 정통인화는 '국태민안(國泰民安)'과 비슷하지만 '사람'의 요소를 더 강조하고, '정통'과 '인화'가 서로 인과 관계임을 부각시킨다.

  2017년 3월, 시진핑 주석은 제12기 전국인민대표대회 5차회의 랴오닝(遼寧)대표단 심의에 참석해 한 지역이 정통인화와 안녕·질서를 이루려면 반드시 양호한 정치적 생태계가 마련돼야 한다고 지적했다. 당대 중국은 전례 없이 개혁과 발전, 안정의 과제가 무겁고, 갈등과 위험, 도전이 많으며, 국정운영의 시련이 많기 때문에 전면적인 종엄치당(從嚴治黨, 엄격한 당 관리)을 견지하고, 청렴 결백하고 양호한 정치 생태계를 조성해야만 마음과 힘을 모으고 사업을 위한 내적 동력을 생성하며 외부적 조건을 마련할 수 있다.

得道者多助，失道者寡助

　　"得道者多助，失道者寡助"，出自《孟子》，意为站在正义、仁义方面，会得到多数人的支持帮助；违背道义、仁义，必然陷于孤立。中国人自古推崇道义，认为道义是决定战争或事业成败的根本力量。只有奉行道义，才能赢得内部的团结一致、赢得民心，取得战争或事业的最后胜利；否则就会不得人心，陷入孤立无援的境地，并最终归于失败。

　　2015年9月，习近平在纪念中国人民抗日战争暨世界反法西斯战争胜利70周年招待会上引用"得道者多助，失道者寡助"，指出否认侵略历史，是对历史的嘲弄，是对人类良知的侮辱，必然失信于世界人民。

득도자다조 , 실도자과조

'득도자다조, 실도자과조(得道者多助, 失道者寡助)'는 <맹자>에서 나온 말로 정의와 인의의 편에 서면 많은 사람의 지지와 도움을 얻지만, 도의와 인의를 배반하면 반드시 고립된다는 뜻이다. 예로부터 중국인은 도의를 추구하고 도의가 전쟁이나 사업의 성패를 결정하는 근본적인 힘이라고 생각했다. 도의를 따라야만 내부의 단결을 이끌어내고 민심을 얻어 전쟁 또는 사업의 최종 승리를 얻을 수 있다. 반면 민심을 얻지 못하면 고립무원의 경지에 빠지고 결국 실패하게 된다.

2015년 9월, 시진핑 주석은 중국 인민 항일전쟁 및 세계 반 파시즘전쟁 승리 70주년 리셉션에서 '득도자다조, 실도자과조'를 인용해 침략 역사를 부정하는 것은 역사에 대한 조롱이자 인류의 양심에 대한 모욕으로 키필코 세계 인민에게 신용을 잃을 것이라고 지적했다.

得人者兴，失人者崩

"得人者兴，失人者崩"，出自《史记》，其含义有二：其一，民心、人心决定一个国家或政权的盛衰兴替。只有得到民心、顺应民心，才能保持国家或政权的兴盛不衰。其二，人才对国家、政权的兴盛与否起着至关重要的作用。也就是说，得到人心、获得人才就会兴旺，失掉人心、流失人才就会败亡；只有任人唯贤、知人善任，才能成就大业，保持国家和政权的长治久安。

2016年4月，习近平在网络安全和信息化工作座谈会上谈到，聚天下英才而用之，为网信事业发展提供有力人才支撑。他引用"得人者兴，失人者崩"，指出网络空间的竞争，归根结底是人才竞争。

득인자흥, 실인자붕

　'득인자흥, 실인자붕(得人者興, 失人者崩)'은 <사기(史記)>에서 나온 말로 두 가지 뜻이 있다. 첫째, 민심과 인심이 국가나 정권의 흥망성쇠를 결정한다. 민심을 얻고 민심에 순응해야 국가나 정권이 쇠하지 않고 흥할 수 있다. 둘째, 인재가 국가와 정권의 흥망을 결정하는 매우 중요한 역할을 한다. 인심과 인재를 얻으면 흥성하고, 인심과 인재를 잃으면 쇠한다. 인격과 능력을 갖춘 인재를 등용해 적재적소에 잘 배치해야만 대업을 이루고 나라가 태평하며 정권을 오랫동안 유지할 수 있다.

　2016년 4월, 시진핑 주석은 인터넷 안보 및 정보화 업무 좌담회에서 천하의 인재를 등용해 인터넷정보산업 발전을 강력하게 뒷받침해야 한다고 말했다. 시진핑 주석은 '득인자흥, 실인자붕'을 인용해 인터넷 공간의 경쟁은 결국 인재 경쟁이라고 하였다.

不患寡而患不均，不患贫而患不安

"不患寡而患不均，不患贫而患不安"，出自《论语》，大意是对一个国家来说，不必去担心土地、财富、人口不多，而应该担心社会贫富不均，人民生活不安宁。如果财富平均，就无所谓贫穷和富裕，而人民团结一心，就不会觉得人口稀少，并且只有这样才能让国家和平安乐，不会有倾覆危险。这一理念是由中国传统文化中一直延续的奔小康、求大同的社会理想所决定的。中国人始终认为，一个美好的社会状态既然是由人民创造的，那么自然也应该由人民来共享。

2016年1月，习近平在省部级主要领导干部学习贯彻中共十八届五中全会精神专题研讨班上的讲话中引用"不患寡而患不均，不患贫而患不安"，指出共享理念实质就是坚持以人民为中心的发展思想，体现的是逐步实现共同富裕的要求。

불환과이환불균, 불환빈이환불안

'불환과이환불균, 불환빈이환불안(不患寡而患不均, 不患貧而患不安)'은 <논어>에서 나온 말로 국가는 토지, 부(富), 인구의 적음을 걱정하기보다 사회 빈부의 불균형과 백성의 불안정한 삶을 더 걱정해야 한다는 뜻이다. 부가 고르게 분배되면 부유와 가난이 무의미하고 백성의 마음이 하나로 모아지면 인구가 적다고 느껴지지 않고, 그래야 비로소 나라가 평화롭고 안정되며 전복의 위험이 생기지 않는다. 이 철학은 중국 전통문화에서 면면히 이어진 풍족하고 편안한 삶인 샤오캉(小康)을 향해 분투하고, 평등하고 자유로운 세상인 대동(大同)을 추구하는 이념이 만들어낸 것이다. 중국인은 인민이 이상적인 사회 상태를 만들었다면 또한 인민이 이를 함께 누려야 한다고 생각한다.

2016년 1월, 시진핑 주석은 성부(省部)급 주요 지도자 간부의 중국 공산당 18기 5중전회 정신 관철을 학습하는 전문 연구반 연설에서 '불환과이환불균, 불환빈이환불안'을 인용하고 함께 누린다는 '공향(共享)' 철학의 본질은 인민이 중심이 되는 발전 사상을 견지하는 것이고 공동의 부를 점진적으로 실현하는 것이라고 하였다.

善治篇
선치편

天下为公

　　"天下为公"出自《礼记》，是一种美好的社会政治理想，意为天下是属于公众的，天下为天下人所共有，君王之位非一人所私有，而为公众所共有。这其中包含着反对世袭制，推举有才德之人的"尚贤"和"民本"思想，也蕴含着中国人所熟知的"大同"理想。"天下为公"为人们设定了理想而崇高的政治目标，描绘了远大而美好的社会愿景。

　　中共十八大以来，习近平多次谈及"天下为公"，彰显中国共产党胸怀天下的使命担当。2017年12月，他在中国共产党与世界政党高层对话会上指出，中华民族历来讲求"天下一家"，主张民胞物与、协和万邦、天下大同，憧憬"大道之行，天下为公"的美好世界。

천하위공

  '천하위공(天下爲公)'은 <예기>에서 나온 말로 이상적인 사회 정치 철학이다. 천하는 백성에 속하고, 천하는 백성이 공유하며, 군왕의 자리는 한 개인의 것이 아니라 백성의 것이라는 뜻이다. 이 말에는 세습제를 반대하고, 재덕을 갖춘 현인을 추거하는 '상현(尚賢)'과 '민본(民本)' 사상이 포함되어 있고 중국인 숙지하는 '대동(大同)' 사상이 담겨 있다. '천하위공'은 숭고한 정치 목표를 설정하고 그에 따른 원대하고 이상적인 사회 청사진을 묘사하고 있다.

  중국 공산당 18차 당대회 이후 시진핑 주석은 '천하위공'을 여러 차례 언급했고 이는 천하를 가슴에 품는 중국 공산당의 사명과 담당을 나타냈다. 2017년 12월, 시진핑 주석은 중국 공산당 세계 정당 고위급대화에서 중화 민족은 예로부터 세상 사람들이 한 가족이라는 '천하일가(天下一家)'를 추구했고, 세상 만물을 사랑하고 세상 만국과 화합하며 태평성대를 이루는 '천하 대동'을 주장했으며, 대도가 행해지는 공평한 세상인 '대도지행, 천하위공(大道之行, 天下爲公)'의 이상적인 세계를 동경했다고 말했다.

大道至简

　　"大道至简"是从《道德经》和《论语》的名句中凝练而成的，意为大道理（基本原理、方法和规律）是极其简单的，简单到一两句话就能说明白。"道"在中国哲学中，是一个重要的概念，"大道"即自然、社会的普遍法则以及人们对待自然、治理社会的根本原则；"简"即浅易、简明、便利。这一观念被广泛用于治国理政及社会管理等方面，主要有两层含义：其一，越普遍、越根本的道理就应该越简明浅易，便于人们掌握并付诸实施；其二，"大道"并不是远离人世间的高高在上的原理，相反，它的道理、功用就蕴含在人们的伦常日用之中，只要透过纷繁的表层现象，寻流讨源，就可以抓住事物的本质和规律，以简驭繁。

　　2017年1月，习近平在联合国日内瓦总部的演讲中引用"大道至简，实干为要"，指出构建人类命运共同体关键在行动，国际社会要从伙伴关系、安全格局、经济发展、文明交流、生态建设等方面作出努力。

대도지간

'대도지간(大道至簡)'은 <도덕경>과 <논어>의 유명 구절에서 만들어진 말로 큰 도리(근본 원리, 방법, 법칙)는 지극히 간단해 한두 마디로 설명할 수 있다는 뜻이다. '도'는 중국 철학에서 중요한 개념으로 '대도(大道)'는 사회와 자연의 보편적인 법칙이고 인간이 자연을 대하고 사회를 통치하는 근본 위칙이다. '간(簡)'은 간단명료하고 이해하기 쉬우며 편리하다는 뜻이다. 이 개념은 나라를 다스리는 국정운영과 사회 관리 등에 두루 쓰였고 주로 두 가지 의미가 있다. 첫째, 보편적이고 근본적인 도리일수록 간결하고 이해가 쉬우며 시행하기 쉽다. 둘째, '대도'는 인간 세상과 동떨어진 도도한 이치가 아니라 오히려 그 도리와 효용은 인간이 일상생활에서 지켜야 하는 도덕에 내포되어 있어, 겉으로 보이는 복잡한 현상을 뚫고 근원으로 거슬러 올라가면 사물의 본질과 법칙을 파악할 수 있으며, 간단한 방법으로 복잡한 일을 처리할 수 있다.

2017년 1월, 시진핑 주석은 스위스 제네바 유엔(UN) 사무국 연설에서 큰 도리는 지극히 단순하고, 실제 행동이 중요하다는 '대도지간, 실간위요(大道至簡, 實幹爲要)'를 인용해 인류 운명공동체 건설의 핵심은 행동에 있고 국제사회는 파트너 관계, 안보 구도, 경제 발전, 문명 교류, 생태 건설 등 분야에서 노력해야 한다고 했다.

天人合一

"天人合一"是一种认为天地人相通的世界观和思维方式。孟子认为，通过心得反思可以知性、知天，心、性和天之间是统一的；老子主张，"人法地，地法天，天法道，道法自然"。他们都强调人类社会与自然世界之间的协调统一关系，即天地和人之间的整体性和内在联系，突出了天对于人的根本意义，表现了人在与天的联系中寻求生命、秩序与价值基础的努力。"天人合一"理念作为中国"和"文化思想的重要组成部分，在中华优秀传统文化中具有独特的内涵与意义。

中共十八大以来，习近平多次谈及中华民族"天人合一"的崇高追求和生态智慧。2017年1月，习近平在联合国日内瓦总部的演讲中指出，人与自然共生共存，伤害自然最终将伤及人类。我们应该遵循天人合一、道法自然的理念，寻求永续发展之路。

천인합일

‘천인합일(天人合一)’은 천(天), 지(地), 인(人)이 서로 통한다는 세계관이자 사유 방식이다. 맹자는 깨달음과 반성을 통해 본성인 성(性)을 알고 하늘인 천(天)을 알 수 있으며, 심(心)과 성, 천은 통일된 것이라고 보았다. 노자는 사람은 땅을 본받고, 땅은 하늘을 본받고, 하늘은 도를 본받고, 도는 자연을 본받는다는 뜻의 ‘인법지, 지법천, 천법도, 도법자연(人法地, 地法天, 天法道, 道法自然)’을 주장했다. 그들은 인간 사회와 자연 세계 간의 조화로운 통일 관계, 즉 천지와 인간의 일체성과 내재적 관련성을 강조하고, 인간에 대한 하늘의 근본적 의미를 부각시키며, 하늘과의 관련성에서 생명과 질서, 가치의 기초를 찾는 인간의 노력을 보여주었다. ‘천인합일’ 철학은 중국의 ‘화(和)’ 문화 사상의 중요한 구성 부분으로 우수한 중화 전통문화 속에서 독특한 의미와 의의를 지니고 있다.

중국 공산당 18차 당대회 이후 시진핑 주석은 중화 민족의 ‘천인합일’ 추구와 생태의 지혜를 여러 차례 언급했다. 2017년 1월, 시진핑 주석은 스위스 제네바 유엔 사무국 연설에서 인간과 자연은 공존과 공생 관계로 자연을 파괴하면 결국 인류도 해를 입는다고 지적했다. 우리는 천인합일, 도법자연 철학을 따르고 영구·지속적인 발전의 길을 추구해야 한다.

道法自然

　　"道法自然"出自《道德经》。"自然"指事物自主、自在的状态。"道"创造、生养万物，但"道"不会对万物发号施令，而是效法、顺应万物之"自然"。这揭示了整个宇宙的特性，囊括了天地间所有事物的根本属性，即宇宙天地间万事万物均效法或遵循"自然而然"的规律。"道"与万物的关系，在政治哲学中表现为执政者与百姓的关系，执政者应遵循"道"的要求，节制自己的权力，以无为的方式效法、顺应百姓的自然状态。道法自然、天人合一是中华文明内在的生存理念，是谋求人与自然和谐共生的中国智慧。

　　2020年9月，习近平在联合国生物多样性峰会上的讲话中指出，从道法自然、天人合一的中国传统智慧，到创新、协调、绿色、开放、共享的新发展理念，中国把生态文明建设放在突出地位，融入中国经济社会发展各方面和全过程，努力建设人与自然和谐共生的现代化。

도법자연

'도법자연(道法自然)'은 <도덕경>에서 나온 말이다. '자연'이란 사물의 자주적이고 자유로운 상태를 말한다. '도'는 만물을 창조하고 양육하지만 만물을 호령하지 않고 만물을 본받고 만물의 자연 상태에 순응한다. 이는 우주 전체의 특징, 모든 사물의 근본 속성, 즉 우주만물은 모두 '자연이연(自然而然)'의 법칙을 본받거나 따른다는 것을 보여 준다. 정치 철학에서 '도'와 만물은 집권자와 백성의 관계로 나타나며 집권자는 '도'의 요구를 따르고 자기의 권력을 절제하며 무위(無爲)의 방식으로 백성의 자연스러운 상태에 순응해야 한다. 도법자연, 천인합일은 중화 문명의 생존 철학이고 인간과 자연의 조화와 공생을 모색하는 중국의 지혜이다.

2020년 9월, 시진핑 주석은 유엔 생물다양성 정상회의 연설에서 도법자연, 천인합일의 중국 전통의 지혜에서 혁신, 협력, 녹색, 개방, 공유의 새로운 발전 철학까지 중국은 생태문명 건설을 중요한 위치에 놓고 중국 경제사회 발전의 각 분야와 전 과정에 녹여들이며 인간과 자연이 조화를 이루며 공생하는 현대화 건설을 위해 노력하고 있다고 말했다.

治大国如烹小鲜

“治大国若烹小鲜”出自《道德经》，意即“治理国家就像烹调美味的小菜一样”。这里以烹饪比喻治国，强调“烹小鲜”不能随意翻动，调料要恰到好处，火候要掌握得当，如同治理国家，必须要有审慎负责的态度。

2013年3月，习近平在接受金砖国家媒体联合采访时谈到，这样一个大国，这样多的人民，这么复杂的国情，领导者要深入了解人民所思所盼，要有“如履薄冰，如临深渊”的自觉，要有“治大国如烹小鲜”的态度，丝毫不敢懈怠，丝毫不敢马虎，必须夙夜在公、勤勉工作。

치대국여팽소선

　'치대국여팽소선(治大國如烹小鮮)'은 <도덕경>에서 나온 말로 '국가 다스리기는 맛있는 요리를 만드는 것과 같다'는 뜻이다. 이는 국가 다스리기를 요리에 비유한 것으로 '요리할 때' 함부로 뒤적거리지 않고 양념을 적절하게 넣고 불도 알맞게 조절해야 하듯이 국가를 다스릴 때도 신중하고 책임감 있는 태도를 지녀야 한다고 강조한다.

　2013년 3월, 시진핑 주석은 브릭스 국가 언론매체와의 공동 인터뷰에서 중국 같은 이러한 대국, 이렇게 많은 인민, 이렇게 복잡한 국가 상황에서 지도자는 인민의 생각과 바람을 깊이 이해하고, '살얼음판을 걷고, 깊은 연못가에 있는 것과 같은' 각오로, '치대국여팽소선'의 태도로, 조금도 태만하거나 소홀하지 않고, 밤낮을 가리지 않고 근면하게 일해야 한다고 말했다.

为政以德

　　"为政以德"出自《论语》，意为以道德原则治理国家，强调道德对政治生活的决定作用，主张以道德教化作为治国的原则。"为政以德"与政得其民、礼法合治、德主刑辅等共同构成儒家德治论的主张，表明儒家治国的基本原则是德治，而非严刑峻法，应高度重视道德建设特别是为政者的道德建设。

　　2016年1月，习近平在第十八届中央纪律检查委员会第六次全体会议上的讲话中强调，中华民族历来都有珍惜名节、注重操守、干净为官的传统，历来都讲"为政以德""守土有责"，领导干部要秉公用权、廉洁用权，做遵纪守法的模范，同时要坚持原则、敢抓敢管。

위정이덕

'위정이덕(為政以德)'은 <논어>에서 나오는 말로 도덕적인 원칙에 입각하여 치국(治國, 국가 다스리기)하고, 도덕이 정치에서 결정적인 역할을 하는 것을 강조하며, 도덕적인 교화를 치국 원칙으로 삼아야 한다고 주장한다. '위정이덕'은 정치는 국민의 지지를 얻어야 한다는 정득기민(政得其民), 교화와 법률을 결합하여 다스린다는 예법합치(礼法合治), 형벌보다는 도덕을 위주로 하는 덕주형보(德主刑輔) 등과 함께 유가 덕치론(德治論)의 주장을 이루고, 유가에서 말하는 치국의 기본 원칙은 덕치이지 가혹한 형벌과 법률이 아니며, 도덕 건설 특히 위정자의 도덕 건설을 중시해야 한다고 표명했다.

2016년 1월, 시진핑 주석은 제18기 중앙기율검찰위원회 제6차 전체회의 연설에서 중화 민족은 예로부터 명예와 절개를 아끼고, 지조를 중시하며, 청렴하게 벼슬하는 전통이 있고, '위정이덕'과 자신의 업무는 확실하게 책임진다는 '수토유책(守土有責)'을 추구했으며, 오늘날의 지도자 간부들은 공권력을 공정하고 청렴하게 사용해야 하고, 법과 기율을 모범적으로 준수해야 하며, 이와 더불어 원칙을 고수하고 과감하게 담당하고 관리해야 한다고 강조했다.

厚德载物

　　"厚德载物"出自《周易》，意为君子应以宽厚的德行承载天下万物或他人。这体现了古人对自身道德修养及人与自然、社会和谐一体的追求，并逐渐凝铸为中国人树立的治国理政和为人处世的理念和理想，成为中华民族精神的基本品格。

　　2018年12月，习近平在庆祝改革开放40周年大会上指出，自古以来，中华民族就以"天下大同""协和万邦"的宽广胸怀，自信而又大度地开展同域外民族交往和文化交流。正是这种"天行健，君子以自强不息""地势坤，君子以厚德载物"的变革和开放精神，使中华文明成为人类历史上唯一一个绵延5000多年至今未曾中断的灿烂文明。

후덕재물

'후덕재물(厚德載物)'은 <주역>에서 나온 말로 군자는 너그러운 덕행으로 천하 만물이나 사람을 포용한다는 뜻이다. 이는 선인들이 추구한 도덕적 수양, 인간과 자연, 사회의 조화로운 통합을 이루려는 염원을 나타내고, 중국인이 수립한 국정운영 처세 철학과 이념으로 응집되어 중화 민족의 기본 품격이 되었다.

2018년 12월, 시진핑 주석은 개혁 개방 40주년 경축 대회에서 예로부터 중화 민족은 '천하대동(天下大同)', '협화만방(協和萬邦)'의 넓은 가슴으로 자신감 있고 너그럽게 해외 민족과 왕래하고 문화를 교류했다고 하였다. 바로 이런 '천행건, 군자이자강불식(天行健, 君子以自強不息. 하늘의 운행이 강건하니 군자는 스스로 노력하여 자신을 강대하게 하며 영원히 태만하지 않다)', '지세곤, 군자이후덕재물(地勢坤, 君子以厚德載物. 땅의 형세가 두터우니 군자는 이처럼 덕을 쌓아 만물을 포용한다)' 의 변화와 개방 정신 덕분에 중화 문명은 인류 역사상 유일하게 5천여 년 동안 끊이지 않고 찬란하게 유지될 수 있었다.

文以载道

中唐时期古文运动的领袖韩愈等人提出"文以明道"的观点，认为文章主旨应合乎并发扬圣人的经典。宋代理学家周敦颐进一步发展为"文以载道"，提出文学像"车"，"道"即是车上运载的货物，文学是用以传播儒家之"道"的手段和工具。这一观念强调文学的社会功用，指明文学作品应该言之有物、有正确的思想内容。

2014年9月，习近平在纪念孔子诞辰2565周年国际学术研讨会暨国际儒学联合会第五届会员大会开幕会上指出，文以载道、文以化人，当代中国是历史中国的延续和发展，当代中国思想文化也是中国传统思想文化的传承和升华，要认识今天的中国、今天的中国人，就要深入了解中国的文化血脉，准确把握滋养中国人的文化土壤。

문이재도

　중당(中唐) 시대 고문운동의 선구자인 한유(韓愈) 등은 문장으로 도를 밝힌다는 뜻의 '문이명도(文以明道)'의 개념을 제시하고 문장의 취지가 성인(조人)의 경전에 부합하고 경전을 함양해야 한다고 주장했다. 송나라의 이학자(理學家)인 주돈이(周敦頤)는 더 나아가 '문이재도'로 발전시켜 문학은 '차(車)'이고 '도'는 차에 실린 화물로 문학은 유가의 '도'를 전파하는 수단과 도구로 사용된다고 주장했다. 이러한 개념은 문학의 사회적 기능을 강조하고 문학 작품은 확실한 내용과 정확한 사상이 담겨있어야 한다고 했다.

　2014년 9월, 시진핑 주석은 공자 탄생 2565주년 기념 국제 학술세미나 및 국제 유학연합회 제5회 회원총회 개막식에서 문이재도(文以載道. 글을 통해 이치를 담는다), 문이화인(文以化人. 문화로 사람을 교화한다)을 언급하면서 당대 중국은 과거 중국의 연속이자 발전이고 당대 중국의 사상과 문화 역시 중국 전통 사상과 문화를 계승하고 승화한 것이며 당대의 중국과 중국인을 알려면 중국 문화의 전통을 깊이 이해하고 중국인을 키운 문화 토양을 정확하게 파악해야 한다고 말했다.

礼法合治

　　"礼法合治"意为治理国家要将教化与法律相结合。在中国古代国家治理体系中，"礼"源于儒家，"法"出自法家。儒家的"礼"讲究"自我修养"的提升过程，法家的"法"则坚持"严刑峻法"才是出路。教化社会以儒家学说为主，因为要激扬人性善的一面，但治理社会却要以法家为主，法家主张"以法治国"，即把国家社会个人的一切活动和行为纳入法制的轨道，认为这是儒家理想化为社会现实的最主要的抓手。可以说，"礼法合治"是中国历朝历代鼎盛时期的政治准绳。

　　2014年10月，习近平在中共十八届中央政治局第十八次集体学习时的讲话中提到，"礼法合治"等治国理政经验能给人们重要启示，要治理好今天的中国，既需要对中国历史和传统文化有深入了解，也需要对中国古代治国理政的探索和智慧进行积极总结。

예법합치

　'예법합치(禮法合治)'는 국가를 다스리려면 교화와 법률을 결합해야 한다는 뜻이다. 고대 중국의 치국 체계에서 '예(禮)'는 유가에서 비롯됐고 '법(法)'은 법가에서 비롯됐다. 유가의 '예'는 '자기 수양'을 함양하는 과정을 중시하고, 법가의 '법'은 '가혹한 형벌과 법률'이 해결책이라고 견지했다. 사회 교화는 유가의 학설이 주가 되어 인간성의 선한 일면을 함양하지만, 사회 관리는 법가가 주가 된다. 법가는 법으로 다스리는 '이법치국(以法治國)'을 주장한다. 즉 국가, 사회, 개인의 모든 활동과 행위를 법의 범위 안에 넣고 이는 유가의 이상을 사회 현실로 바꾸는 가장 중요한 수단이라고 생각했다. '예법합치'는 역대 중국 전성기의 정치 기준이라고 할 수 있다.

　2014년 10월, 시진핑 주석은 중국 공산당 제18기 중앙정치국 제18차 단체학습 연설에서 '예법합치' 등 국정운영 경험은 우리에게 중요한 메시지를 준다며 오늘의 중국을 잘 다스리려면 중국의 역사와 전통문화를 깊이 이해해야 하고, 고대 중국의 국정운영 지혜를 적극적으로 탐구해야 한다고 말했다.

艰难困苦，玉汝于成

"艰难困苦，玉汝于成"，出自《西铭》，意为贫穷、低贱、忧伤、灾难等各种艰辛困苦的外部条件，往往可以像打磨玉石一样砥砺人的意志，使之终有所成。这种不畏艰险、自我磨砺、以苦为阶，最终实现奋斗目标的意志和信念，成为融入中国人血脉之中的民族品格。

中共十八大以来，习近平多次在不同场合引用"艰难困苦，玉汝于成"。2018年7月，习近平在金砖国家工商论坛上发表讲话时就引用了这句古语，阐发改革开放40年来，中国走过了不平凡的历程，成功开辟了中国特色社会主义道路。

간난곤고 , 옥여어성

'간난곤고, 옥여어성(艱難困苦, 玉汝於成)'은 <서명(西銘)>에서 나온 말로 빈곤, 비천, 근심, 재난 등 각종 고난과 역경은 사람을 단련시켜 뭔가를 이룰 수 있도록 한다는 뜻이다. 고난과 역경을 두려워하지 않고, 자기를 연마하며, 고통을 성장의 발판으로 삼아 결국 목표를 이루는 의지와 신념이 중국인의 혈관 속에 녹아든 민족의 성격이 되었다.

중국 공산당 18차 당대회 이후 시진핑 주석은 여러 장소에서 '간난곤고, 옥여어성'을 인용했다. 2018년 7월, 시진핑 주석은 브릭스 비즈니스 포럼 연설에서 이 말을 인용하여 개혁 개방 40년 동안 중국은 평범하지 않은 여정을 걸어 오면서 중국 특색의 사회주의 노선을 성공적으로 열었다고 설명했다.

功崇惟志，业广惟勤

"功崇惟志，业广惟勤"，出自《尚书》，大意是取得伟大的功绩，在于志向远大；完成伟大的事业，在于工作勤奋。不管是国家要实现振兴，还是个人要成就事业，都必须具备两个条件，一为立志，二为勤勉。立志是前提，勤勉为保障，无志不足以行远，无勤则难以成事。

2013年10月，习近平在印度尼西亚国会的演讲中引用"功崇惟志，业广惟勤"，指出中国有信心、有条件、有能力实现自己的奋斗目标，同时也清醒地认识到，中国仍是世界上最大的发展中国家，在前进道路上仍然面临不少困难和挑战，要使全体中国人民都过上美好生活，需要付出长期不懈的努力。他引用这句含义隽永的古语，恰如其分地表明了立志与实干相辅相成的关系。

공숭유지, 업광유근

'공숭유지, 업광유근(功崇惟誌, 業廣惟勤)'은 〈상서〉에서 나온 말로 위대한 성과를 거두려면 포부가 커야 하고, 위대한 사업을 이루려면 열심히 일해야 한다는 뜻이다. 국가의 부흥이든 개인의 사업 성공이든 두 가지 조건을 만족시켜야 하는데 첫째는 뜻을 세우고 둘째는 근면해야 한다. 뜻을 세우는 것은 전제조건이고, 근면은 그 뒷받침이다. 뜻이 없으면 멀리 가기 어렵고, 근면하지 않으면 뜻을 이루기 어렵다.

2013년 10월, 시진핑 주석은 인도네시아 국회 연설에서 '공숭유지, 업광유근'을 인용하고 중국은 자기의 투쟁 목표를 이룰 자신이 있고, 조건이 마련됐으며, 능력이 있다고 지적하면서 세계 최대 개발도상국인 중국이 전진하는 길에 어려움과 도전이 여전히 도사리고 있다고 말했다. 중국인 전체가 풍요로운 생활을 하려면 앞으로 오랫동안 부단히 노력해야 한다고 하였다. 시진핑 주석은 이 의미심장한 격언을 인용하여 뜻을 세우는 것과 실제적 행동이 상호 보완 관계임을 설명하였다.

苟日新，日日新，又日新

"苟日新，日日新，又日新"，出自儒家经典《大学》，意思是如果能每天除旧更新，就要天天除旧更新，不间断地保持更新。这一理念从动态的角度强调勤于省身和不断革新的重要性，即生活从不眷顾因循守旧、满足现状者，从不等待不思进取、坐享其成者，而是将更多的机遇留给善于和勇于创新的人们。

2014年6月，习近平在中国科学院第十七次院士大会、中国工程院第十二次院士大会上引用"苟日新，日日新，又日新"，指出中华民族是富有创新精神的民族，创新精神是中华民族最鲜明的禀赋。

구일신 , 일일신 , 우일신

　'구일신, 일일신, 우일신(苟日新, 日日新, 又日新)'은 <대학>에서 나온 말로 날마다 낡은 것을 버리고 새롭게 할 수 있다면 날마다 낡은 것을 버려야 하고 끊임없이 새로움을 유지해야 한다는 뜻이다. 이 철학은 능동적인 관점에서 자기 자신을 부지런히 살피는 것과 부단한 혁신의 중요성을 강조한다. 즉 삶은 낡은 섯을 답습하고 현 상태에 만족하는 자에게는 가혹하고, 진취적이지 않고 가만히 앉아 남이 이룬 성과를 누리는 사람을 기다려주지 않으며, 용감하게 혁신하는 사람에게 더 많은 기회를 준다.

　2014년 6월, 시진핑 주석은 중국과학원 제17차 원사대회, 중국공정원 제12차 원사대회에서 '구일신, 일일신, 우일신'을 인용하면서 중화 민족은 혁신 정신이 풍부한 민족이고 혁신 정신은 중화 민족의 가장 뚜렷한 천성이라고 하였다.

经世致用

　　"经世致用"一词由明清之际思想家王夫之、黄宗羲、顾炎武等提出，指学习、征引古人的文章和行事，应以治事、救世为急务。"经世"即治理国家和社会事务，"致用"即发挥实际效用。这一理念倡导学术研究要关注现实，通过解释古代典籍来阐发社会政治见解，解决社会实际问题，以增进国家治理能力，实现民生安定、社会改良。其强调知识的政治价值和知识分子的现实担当，体现了中国传统知识分子讲求效用、专注务实的思想特点。

　　2014年9月，习近平在纪念孔子诞辰2565周年国际学术研讨会暨国际儒学联合会第五届会员大会开幕式上指出，儒家思想和中国历史上存在的其他学说都坚持经世致用原则，注重发挥文以化人的教化功能，探索把对个人、社会的教化同对国家的治理结合起来，达到相辅相成、相互促进的目的。

경세치용

　‘경세치용(經世致用)’은 명말청초의 사상가 왕부지(王夫之), 황종희(黃宗羲), 고염무 등이 제시한 개념으로 옛사람의 학문과 행실을 배우고 인용할 때 일 처리와 세상 구제를 급선무로 해야 한다는 것이다. ‘경세’는 국가와 사회 업무를 처리하는 것이고, ‘치용’은 실질적인 효용을 발휘하는 것이다. 이 철학은 학술연구기 현실적 문제를 주복하고, 고대 경전 해석을 통해 사회 정치적 견해를 설명하며, 실질적인 사회 문제를 해결함으로써 치국 능력을 증진하고 민생 안정과 사회 개선을 이뤄야 한다고 주장한다. 이 말은 지식의 정치적 가치와 지식인의 현실적 책임을 강조하고 과거 중국의 지식인들이 효용을 추구하고 실용을 중시하는 사상적 특징을 보여준다.

　2014년 9월, 시진핑 주석은 공자 탄생 2565주년 기념 국제 학술세미나 및 국제 유학연합회 제5회 회원총회 개막식에서 유가 사상과 중국 역사상 기타 학설은 모두 경세치용 원칙을 견지했고, 사람에 대한 글의 교화 기능을 중시했으며, 개인과 사회 교화를 국정운영과 결합시켜 서로 보완하고 촉진하는 방법을 모색했다고 하였다.

他山之石，可以攻玉

"他山之石，可以攻玉"，语出《诗经》，意为别的山上的石头，可以用来琢磨玉器。比喻借用他人的批评、帮助来改正自己的过错，借他人或他国的情况、经验、方法等作为自己的借鉴和参考，可以更好地提升自我。这一理念充分体现了中国人开放包容、虚心学习的精神。

2017年12月，习近平在中国共产党与世界政党高层对话会上引用"他山之石，可以攻玉"，指出中国共产党历来强调树立世界眼光，积极学习借鉴世界各国人民创造的文明成果，并结合中国实际加以运用。

타산지석 , 가이공옥

　‘타산지석, 가이공옥(他山之石, 可以攻玉)’은 〈시경(詩經)〉에서 나온 말로 다른 산의 돌로 옥을 다듬을 수 있다는 뜻이다. 타인의 비평과 도움을 통해 자신의 잘못을 고치고, 타인이나 다른 나라의 상황, 경험, 방법 등을 거울삼아 참고하면 자기를 더 향상시킬 수 있다는 것을 말한다. 이 철학은 중국인의 개방과 포용, 겸손한 배움의 정신을 보여준다.

　2017년 12월, 시진핑 주석은 중국 공산당 세계 정당 고위급대화에서 ‘타산지석, 가이공옥’을 인용하면서 중국 공산당은 줄곧 세계적의 안목을 키우고 세계 각국 인민들이 창조한 문명의 성과를 열심히 배우고 참조하였고 또한 중국 실정에 맞게 응용했음을 강조했다.

言者无罪，闻者足戒

"言者无罪，闻者足戒"，出自《诗经》，意为提意见的人只要是善意的，即使提得不正确，也是无罪的；听取意见的人即使没有对方所提的缺点错误，也值得引以为戒。这一理念告诫执政者要想治理好国家，必须让人们畅所欲言，形成健康和谐的人际环境，同时充分了解人们的意愿和想法，以便从各种言论中汲取有价值的意见，这体现了言论自由的思想和包容精神。

2012年5月，习近平在中央党校2012年春季学期第二批入学学员开学典礼上强调，领导干部一定要本着"言者无罪，闻者足戒"的原则，欢迎和鼓励别人讲真话。

언자무죄 , 문자족계

‘언자무죄, 문자족계(言者無罪, 聞者足戒)’는 <시경>에서 나온 말로 선의에 의한 의견 제시가 정확하지 않더라도 의견 제시자는 죄가 없고, 의견 청취자는 상대가 지적한 결점과 잘못이 없더라도 이를 경계할 만하다는 뜻이다. 이 이념은 집권자가 국가를 잘 운영하려면 백성이 자신의 의견을 기탄없이 표출하도록 해야 하고, 긴진하고 조화로운 인간 관계 형성을 위한 환경을 만들어 줘야 하며 동시에 사람들의 뜻과 생각을 충분히 이해하여 다양한 의견 중에서 가치 있는 의견을 끌어내야 한다고 경고한다. 이는 언론 자유의 사상과 포용 정신을 보여준다.

2012년 5월, 시진핑 주석은 중앙당교 2012년 봄 학기 2진 학생 개학식에서 지도자 간부는 ‘언자무죄, 문자족계’ 원칙에 따라 다른 사람의 진담을 달가워하고 독려해야 한다고 강조했다.

集思广益

"集思广益"出自《教与军师长史参军掾属》，意为集中众人的智慧，广泛吸收有益的意见。这一理念提醒决策者要广开言路，虚心听取各方意见，在综合考虑的基础上作出判断和决策，绝不能自以为是、独断专行。"集思广益"不仅是汇集智慧的过程，也是调动众人积极性、达成行动一致性的过程。

2019年9月，习近平在中央政协工作会议暨庆祝中国人民政治协商会议成立70周年大会上指出，发展社会主义协商民主，要把民主集中制的优势运用好，发扬"团结—批评—团结"的优良传统，广开言路，集思广益，促进不同思想观点的充分表达和深入交流。

집사광익

　'집사광익(集思廣益)'은 〈교여군사장사참군연속(教與軍師長史參軍掾屬)〉에서 나온 말로 대중의 지혜를 모으고 유익한 의견을 광범위하게 수집한다는 뜻이다. 이 철학은 정책 결정자는 누구나 의견을 말할 수 있는 길을 열어 놓고 그 의견들을 겸허하게 듣고, 종합적으로 고려해 판단하고 결정해야 한다는 뜻이다. 자기만 옳다는 독불장군식의 행동은 금물이다. '집사광익'은 사람들의 지혜를 모으고, 그들의 적극성을 이끌어내어 행동으로 옮기는 과정을 뜻한다.

　2019년 9월, 시진핑 주석은 중앙 정협 업무회의 및 중국 인민정치협상회의 설립 70주년 경축대회에서 사회주의 협상 민주를 발전시키려면 민주집중제의 장점을 운용하고 '단결-비평-단결'의 우수한 전통을 함양하며 누구나 말할수 있는 길을 열어놓고 유익한 의견을 광범위하게 수렴하여 다양한 생각과 관점의 충분한 발표와 심도 있는 교류를 촉진해야 한다고 지적했다.

前事不忘，后事之师

"前事不忘，后事之师"，出自《战国策》，意为过去的事情不能忘记，可以作为以后行事的借鉴。这一理念提醒人们要从历史中吸收经验教训，以此作为今后的参照或借鉴。中国注重修史，就是通过总结前代治国理政的成败得失来警示、启发当代和后世。

2020年9月，习近平在纪念中国人民抗日战争暨世界反法西斯战争胜利75周年座谈会上强调，"前事不忘，后事之师"，伟大抗战精神是中国人民弥足珍贵的精神财富，将永远激励中国人民克服一切艰难险阻、为实现中华民族伟大复兴而奋斗。

전사불망, 후사지사

　‘전사불망, 후사지사(前事不忘, 後事之師)’는 <전국책(戰國策)>에서 나온 말로 과거의 일을 잊지 말고 훗날 교훈으로 참고할 수 있다는 뜻이다. 이 철학은 역사의 경험과 교훈을 참고하여 미래의 거울로 삼으라는 뜻이다. 중국이 역사 편찬을 중요시한 것은 전대의 국정운영의 성패와 득실을 정리해 당대와 후세에 경고하고 일깨워 주기 위함이다.

　2020년 9월, 시진핑 주석은 중국 인민 항일전쟁 및 세계 반 파시즘전쟁 승리 75주년 기념 좌담회에서 ‘전사불망, 후사지사’를 인용하고 위대한 항일전쟁 정신은 중국 인민의 매우 소중한 정신적 자산으로 중국 인민이 고난과 역경을 극복하고 중화 민족의 위대한 부흥을 위해 분투하도록 독려한다고 강조했다.

居安思危

"居安思危"出自《左传》，意为处在安宁的环境中，要想到可能出现的危难。这是一种长远、积极的忧患意识，告诫人们要随时有应对意外事件的思想准备。"居安思危"不仅成为历代有为的执政者时时警醒自己的政治理念，也是民众积极进取的一种精神体现。

2018年4月，习近平在十九届中央国家安全委员会第一次会议上指出，前进的道路不可能一帆风顺，越是前景光明，越是要增强忧患意识，做到居安思危，全面认识和有力应对一些重大风险挑战，着力防范各类风险挑战内外联动、累积叠加，不断提高国家安全能力。

거안사위

  '거안사위(居安思危)'는 <좌전(左傳)>에서 나온 말로 평안한 상태에서도 위태로울 상황을 생각해야 한다는 뜻이다. 이는 장기적이고 적극적인 위기의식으로 늘 의외의 사건에 대비하는 마음의 준비를 하고 있어야 한다고 일깨운다. '거안사위'는 역대 성공한 집권자가 스스로를 일깨웠던 정치 철학이자 민중의 진취적인 정신을 나타낸 것이다.

  2018년 4월, 시진핑 주석은 제19기 중국 공산당 중앙 국가안전위원회 제1차 회의에서 전진의 길은 순탄하지만은 않기 때문에 앞날이 밝을수록 위기의식을 강화하고, 거안사위하며, 위험과 도전을 전면적으로 인식하고 강력 대응하며, 국내외 각종 위험과 도전의 공동작용과 누적·겹침을 적극 대비하여 국가 안전 능력을 부단히 높여야 한다고 말했다.

见微知著

　　"见微知著"出自《韩非子》，意为发现细微苗头，就能知道事物的演变趋势或整体状态。"微"即隐微、不明，指事物尚处于不易被察觉的潜在状态；"著"即显著、明显，指事物的本质已经充分显现或事物的发展已处于充分展开的状态。这一理念指明做任何事情，都要深刻认识、精准把握事物演变的内在规律，既要着眼全局，又要关注细微处，提前防范可能出现的问题。

　　2021年3月，习近平在中央党校（国家行政学院）中青年干部培训班开班式上强调，要提升见微知著的能力，透过现象看本质，准确识变、科学应变、主动求变，洞察先机、趋利避害。

견미지저

'견미지저(见微知著)'는 <한비자(韓非子)>에서 나온 말로 미세한 조짐을 보고 사물의 발전 방향이나 전체 양상을 알 수 있다는 뜻이다. '미(微)'는 미세하고 불분명한 것으로 사물이 아직 발견되지 않은 잠재된 상태를 말한다. '저(著)'는 뚜렷하고 분명한 것으로 사물의 본질이 드러나거나 사물이 충분히 발전된 상태를 밀한다. 이 철학은 어떤 일을 하든 사물의 변화에 내재된 법칙을 깊이 인식하고, 정확하게 파악하며, 전체를 보면서 미세한 부분에도 관심을 갖고, 발생 가능한 문제를 사전에 대비해야 함을 일깨워 준다.

2021년 3월, 시진핑 주석은 중앙당교(국가 행정학원) 청년 간부 양성반 개강식에서 견미지저 능력을 키우고, 현상을 통해 본질을 파악하며, 변화를 정확히 인식하고, 과학적으로 대응하며, 능동적으로 변화를 꾀하고, 변화의 시기를 잘 파악하며, 이익을 좇고 손해를 피해야 한다고 강조했다.

防微杜渐

"防微杜渐"出自《后汉书》，意思是把差错、问题等消灭在萌芽状态，引申为任何事物都有一个由隐及显、由小及大的过程，其间还可能引发其他的连锁反应，对于隐患、问题等，如果不做好提前防范，及时堵塞各种漏洞，就可能会付出成倍的代价，甚至会酿成全局性灾难。这一理念要求人们深刻认识并精准把握事物演变的内在规律。

2018年7月，习近平在全国组织工作会议上指出，要教育引导年轻干部强化自我修炼，正心明道，防微杜渐，做到有原则、有底线、有规矩。这深刻阐明了年轻干部强化自我修炼的重大意义和目标要求，为广大年轻干部在实践中成长成才提供了重要遵循。

방미두점

'방미두점(防微杜漸)'은 <후한서(後漢書)>에서 나온 말로 착오나 문제 등이 싹트기 전에 미리 제거해야 한다는 뜻이다. 어떤 사물이든 눈에 띄지 않다가 나타나고, 작은 것에서 커지는 과정을 거치게 되는데 이 과정에서 예상치 못한 연쇄작용이 발생할 수 있다. 잠재적 위험과 문제 등을 사전에 충분히 대비하지 못하고 각종 구멍을 제때 막지 못하면 몇 배에 달하는 대가를 치르거나 총체적인 재난으로까지 번질 수 있다. 이 철학은 사물의 변화에 담긴 내재된 법칙을 깊이 인식하고 정확하게 파악해야 한다고 요구한다.

2018년 7월, 시진핑 주석은 전국 조직 업무회의에서 청년 간부들에게 자기 수련을 강화하여 마음을 바로 갖고 사리에 밝고 방미두점하며 원칙과 선, 규칙을 지켜야 한다고 하였다. 이는 청년 간부들이 자기 수련을 강화하는 이유와 목표를 천명하여 수많은 젊은 간부가 실천 속에서 인재로 성장하는 데 준수해야 할 지침을 제공했다.

公生明，廉生威

"公生明，廉生威"，出自《官箴》，意为处事公正才能明察是非，做人廉洁才能树立威望，是明清两代一些正直廉洁的官吏用以自戒的座右铭。时至今日，这一理念仍然是执政者应当遵循的重要标准：官员当以身作则，廉洁自律，克己奉公。

2014年1月，习近平在中央政法工作会议上引用"公生明，廉生威"，强调政法机关要完成党和人民赋予的光荣使命，必须严格执法、公正司法，要坚守职业良知、执法为民，教育引导广大干警自觉用职业道德约束自己，做到对群众深恶痛绝的事零容忍、对群众急需急盼的事零懈怠，树立惩恶扬善、执法如山的浩然正气。

공생명, 염생위

'공생명, 염생위(公生明, 廉生威)'는 〈관잠(官箴)〉에서 나온 말로 일 처리가 공정해야 시비를 분명하게 가릴 수 있고, 청렴 결백하게 처세해야 위엄을 세우고 명망을 얻을 수 있다는 뜻이다. 명청 두 시대에 정직하고 청렴한 관리들이 이 말을 스스로를 경계하는 좌우명으로 삼았다. 오늘날에도 이는 집권자가 마땅히 지켜야 할 중요한 기준으로 관리는 스스로 모범이 되어 청렴 결백하고 자신을 단속하며 사리사욕을 버리고 공공을 위해 힘써야 한다.

2014년 1월, 시진핑 주석은 중앙 정법 업무회의에서 '공생명, 염생위'를 인용하면서 정법 기관이 당과 인민이 부여한 영광스러운 사명을 완수하려면 법을 엄격하게 집행하고, 사법 처리를 공정하게 하며, 직업적 양심을 갖고, 인민을 위해 법을 집행하며, 공안 간부와 경찰들이 직업적 윤리로 자신을 단속하고, 인민이 싫어하는 일을 절대 용인하지 않으며, 인민이 시급히 바라는 일에 절대 태만하지 않고, 악을 처벌하고 선을 함양하며, 법을 엄정하게 집행하는 호연지기를 수립하도록 교육하고 인도해야 한다고 강조했다.

靡不有初，鲜克有终

"靡不有初，鲜克有终"，出自《诗经》，是召穆公斥责昏庸无道的周厉王的一句话，意为凡事都有开始，但很少有人能够做到善终。这一理念告诫人们，为人做事要有始有终、善始善终。

2015年9月，习近平在纪念中国人民抗日战争暨世界反法西斯战争胜利70周年大会上引用"靡不有初，鲜克有终"，指明实现中华民族伟大复兴，需要一代又一代人为之努力。他强调，中华民族创造了具有5000多年历史的灿烂文明，也一定能够创造出更加灿烂的明天。

미불유초 , 선극유종

'미불유초, 선극유종(靡不有初, 鮮克有終)'은 <시경>에서 소목공(召穆公)이 우매하고 무도한 주려왕(周厲王)을 질책하면서 한 말로 모든 일에는 시작이 있지만 끝까지 노력하는 자는 적다는 뜻이다. 이 철학은 일을 시작했으면 끝을 보고, 시작을 잘하고 끝도 잘해야 한다는 것을 일깨워준다.

2015년 9월, 시진핑 주석은 중국 인민 항일전쟁 및 세계 반 파시즘전쟁 승리 70주년 기념대회에서 '미불유초, 선극유종'을 인용하면서 중화 민족의 위대한 부흥을 이루려면 한 세대 또 한 세대의 노력이 있어야 한다고 하였다. 시진핑 주석은 중화 민족은 5천여 년 역사 속에서 찬란한 문명을 이루었고 더 찬란한 내일을 이룰 수 있다고 강조했다.

交往篇
교왕편

以和为贵

　　"以和为贵"出自《论语》，意为礼之运用，贵在能和，就是主张借礼法的作用来保持人与人之间的和谐关系。以和为贵，是儒家倡导的道德实践原则，表明中华民族历来爱好和平，"和"的民族基因从未变异，"和"的文化源远流长。和平、和睦、和谐的追求深深植根于中华民族的精神世界之中，融化在中华民族的血液里。

　　2017年1月，习近平在联合国日内瓦总部的演讲中强调，中华文明历来崇尚"以和为贵"。中国人民深信，只有和平安宁才能繁荣发展。中国从一个积贫积弱的国家发展成为世界第二大经济体，靠的不是对外军事扩张和殖民掠夺，而是人民勤劳、维护和平。中国将始终不渝走和平发展道路。

이화위귀

'이화위귀(以和爲貴)'는 <논어>에서 나온 말로 예법의 운용을 통해 화(和)를 이루는 것으로 예법으로 사람과 사람 사이의 조화로운 관계를 유지할 것을 주장한다. '이화위귀'는 유가가 제창한 도덕적 실천 원칙으로 예로부터 중화 민족이 평화를 사랑했고 '화'를 중시하는 민족적 유전자가 변하지 않았으며 '화' 문화의 유구한 역사를 보여준다. 평화, 화목, 화합의 추구는 중화 민족의 정신세계에 깊이 뿌리 박혀 있고, 중화 민족의 혈액 속에 녹아 있다.

2017년 1월, 시진핑 주석은 스위스 제네바 유엔 사무국 연설에서 중화 문명은 예로부터 '이화위귀'를 숭상했다고 강조했다. 중국 인민은 평화와 안녕이 있어야 번영하고 발전할 수 있다고 굳게 믿는다. 가난하고 약한 국가에서 세계 2대 경제체로 성장하기까지, 중국은 대외 군사 확장과 식민지 수탈이 아닌 인민의 근면 성실한 노동과 평화 수호로 발전을 이뤄냈다. 중국은 앞으로도 시종일관 평화 발전의 길을 걸을 것이다.

和而不同

　　"和而不同"出自《论语》，意指君子能够与他人和谐相处，却不盲从附和。"同"与"和"是对待社会群体的两种态度。"同"指对事物差异性的抹杀，"和"则意味着对事物差异性的认同。中华文化主张在尊重事物差异性和多样性的基础上，实现整体的和谐共存，认为不同的事物只有彼此间相互辅助、补充，才能组成一个充满生机、富于创造性的和谐整体。

　　习近平在2015年第七十届联合国大会一般性辩论时的讲话以及在2017年联合国日内瓦总部的演讲中，分别基于人类历史发展潮流大势，总结了中国自身发展的历史经验和文化传承，强调了"和而不同"的理念。"和而不同"理念作为中华优秀传统文化的一个重要标识，富有极其深刻的哲学思辨与中国智慧，体现了中华民族的价值追求与民族性格，是新时代推动构建人类命运共同体的重要思想基础与价值支撑。

화이부동

'화이부동(和而不同)'은 <논어>에서 나온 말로 군자는 타인과 조화롭게 어울리지만 남의 의견에 맹목적으로 동조하지 않는다는 뜻이다. '동(同)'과 '화(和)'는 사회 집단을 대하는 두 가지 태도다. '동'은 사물의 차이를 없앤다는 뜻인 반면 '화'는 사물의 차이를 인정한다는 뜻이다. 중화 문화는 사물의 차이와 다양성 존중을 바탕으로 조화와 공존을 이뤄야 하고 다양한 사물이 서로 보완하고 보충해야 생기와 창의력이 넘치는 조화로운 전체를 이룰 수 있다고 주장한다.

시진핑 주석은 2015년 제70차 유엔총회 일반토의 연설과 2017년 스위스 제네바 유엔 사무국 연설에서 인류역사 발전 흐름에 입각해 중국의 발전과 문화 계승 경험을 소개하면서 '화이부동' 철학을 강조했다. '화이부동'은 중화 민족의 우수한 전통문화의 중요한 지표로 철학적 사고와 중국의 지혜가 풍부하게 담겨있고, 중화 민족이 추구하는 가치와 민족의 성격을 보여주며, 신시대 인류 운명공동체 구축에 필요한 중요한 사상과 가치의 기반이다.

求同存异

"求同存异"出自《礼记》，意为找出共同点，保留不同意见。辩证来看，一切事物的差异都是相对的，都存在相互转化的可能。儒家文化强调，在处理人与人、国家与国家的关系时，需要承认彼此间的差异，通过协调达到一种"和而不同"的状态。在当今的世界环境中，承认文化和价值的多元，不追求绝对的一致，努力寻求彼此的共同点，达成双方的最大共识，正是中国对外关系的核心理念。

习近平在多个场合提及"求同存异"理念。2022年1月，他在世界经济论坛演讲中指出，不同国家、不同文明要在彼此尊重中共同发展、在求同存异中合作共赢。他同时强调，我们要顺应历史大势，致力于稳定国际秩序，弘扬全人类共同价值，推动构建人类命运共同体。

구동존이

'구동존이(求同存異)'는 <예기>에서 나온 말로 공통점을 찾고 다른 의견은 유보한다는 뜻이다. 변증법적으로 보면 모든 사물의 차이는 상대적인 것으로 서로 전환될 가능성이 있다. 유가 문화는 인간과 인간, 국가와 국가의 관계에서 서로의 차이를 인정하고 협의를 통해 일종의 '화이부동' 상태에 도달해야 한다고 깅조한나. 현재 세계는 문화와 가치의 다양성을 인정하고, 절대적인 일치를 추구하지 않으며, 서로의 공통점을 찾아 최선의 합의점에 도달하도록 노력해야 한다. 이는 중국의 대외 관계의 핵심 철학과 일치한다.

시진핑 주석은 여러 장소에서 '구동존이' 철학을 언급했다. 시진핑 주석은 2022년 1월 세계경제포럼 연설에서 각 국가와 문명은 서로 존중하는 가운데 함께 발전해야 하고, 구동존이 가운데 협력과 공생을 꾀해야 한다고 하였다. 또한 우리는 역사의 큰 흐름에 순응하고, 국제질서 안정을 위해 노력해야 하며, 전 인류의 공동 가치를 함양하고, 인류 운명공동체를 건설해야 한다고 강조했다.

和羹之美，在于合异

　　"和羹之美，在于合异"，出自《三国志》，意指羹汤之所以美味可口，在于把各种不同的调料合到了一起，比喻只有团结各方面的力量，才能把工作做好。这一理念强调尊重事物的多样性，致力于多样性的和谐共生，这既是当今中国主张的不同文明相处之道，也是中华优秀传统文化的精髓。

　　2017年1月，习近平在联合国日内瓦总部的演讲中引用"和羹之美，在于合异"，阐明人类文明多样性是世界的基本特征，也是人类进步的源泉。面对全球性挑战层出不穷的当今世界，治本之策是构建人类命运共同体。面对丰富多彩与复杂多样的人类文明，各国理应摒弃"傲慢与偏见"，相互尊重、平等相待，和而不同、美美与共。

화갱지미 , 재어합이

'화갱지미, 재어합이(和羹之美, 在於合異)'는 <삼국지(三国志)>에서 나온 말로 국이 맛있는 이유는 각종 재료를 넣어 함께 끓였기 때문으로 각 분야의 역량을 모아야 일을 잘할 수 있다는 것을 비유적으로 나타낸다. 이 철학은 사물의 다양성을 존중하고 조화로운 공생을 위해 노력해야 한다는 것을 강조한다. 이는 중국이 주장하는 문명 간 공존의 길이고 우수한 중화 전통문화의 정수이다.

2017년 1월, 시진핑 주석은 스위스 제네바 유엔 사무국 연설에서 '화갱지미, 재어합이'를 인용해 인류 문명의 다양성은 세계의 기본 특징이자 인류 진보의 원천이라고 설명했다. 전 세계적인 도전이 속출하는 오늘날 근본적인 대책은 인류 운명공동체를 구축하는 것이다. 다양하고 풍부하며 복잡한 인류 문명 앞에서 각국은 '오만과 편견'을 버리고 서로 존중하고 평등하게 대하며 화이부동하고 각자의 아름다움을 모아 다채로운 세상을 만들어야 한다.

美人之美，美美与共

"美人之美，美美与共"，语出中国社会学家费孝通先生的主题演讲《人的研究在中国——个人的经历》，他以"各美其美，美人之美，美美与共，天下大同"这十六字箴言阐明如何处理不同文化关系，即要尊重其他民族文化，实现世界文化共同繁荣。中华文化向来认为，在欣赏本民族创造的灿烂文明的同时，也应该去欣赏其他民族的文明，在互相欣赏的过程中促进不同文明达到一种和谐状态，实现理想中的大同美。

2019年5月，习近平在亚洲文明对话大会开幕式上指出，应坚持美人之美、美美与共。每一种文明都是美的结晶，都彰显着创造之美。各种文明本没有冲突，只是要有欣赏所有文明之美的眼睛。我们既要让本国文明充满勃勃生机，又要为他国文明发展创造条件，让世界文明百花园群芳竞艳。

미인지미 , 미미여공

‘미인지미, 미미여공(美人之美, 美美與共)’은 중국의 사회학자 페이샤오퉁(費孝通)의 기조연설 <인적연구재중국-개인적경력(人的研究在中國-個人的經歷)>에서 나온 말로 페이샤오퉁은 ‘각미기미, 미인지미, 미미여공, 천하대동(各美其美, 美人之美, 美美與共, 天下大同)’ 열여섯 글자로 다른 문화와의 관계를 어떻게 수립해야 하는지 간결하게 설명했다. 즉 다른 민족의 문화를 존중하고 세계 문화의 공동 번영을 이뤄야 한다는 것이다. 중화 문화는 자기 민족이 창조한 찬란한 문명을 감상하면서 동시에 다른 민족의 문명도 감상하고, 서로 감상하는 과정에서 다른 문명과 일종의 조화로운 상태에 도달해 이상적인 대동(大同)의 미를 실현해야 한다고 생각한다.

2019년 5월, 시진핑 주석은 아시아문명대화대회 개막식에서 ‘미인지미, 미미여공’을 견지해야 한다고 하였다. 각 문명은 모두 미의 결정체로 창조적인 미를 드러내고 있다. 원래 문명 간에는 충돌이 없고 각 문명의 아름다움을 감상할 눈이 있어야 한다. 우리는 자국의 문명에 생기를 불어넣으면서 동시에 타국의 문명도 발전하도록 여건을 마련해주어 세계 문명의 꽃밭에 꽃이 만발하게 필 수 있도록 해야 한다.

天下大同

"天下大同"源自《礼记》，是对中国古代追求的理想世界的描述，代表着人类对未来社会的美好憧憬，即天下一家、人人平等、友爱互助。随着时代变迁，这一理念融入了全球范围的政治、经济、科技、文化融合等思想。尽管大同理想为中国原创，但西方的乌托邦、现代的共产主义、地球村等愿景也与之有着极大的相似之处。

习近平汲取中华优秀传统文化的思想精华，多次提及"天下大同"的观点。2018年12月，习近平在庆祝改革开放40周年大会上指出，自古以来，中华民族就以"天下大同""协和万邦"的宽广胸怀，自信而又大度地开展同域外民族交往和文化交流，曾经谱写了万里驼铃万里波的浩浩丝路长歌，也曾经创造了万国衣冠会长安的盛唐气象。

천하대동

　‘천하대동(天下大同)’은 <예기>에서 나온 말로 고대 중국이 추구한 이상적인 세계이고 미래 사회에 대한 아름다운 동경이다. 즉 세상은 한 가족이고 인간은 모두 평등하며 사이좋게 서로 돕는 것을 의미한다. 시대가 변하면서 이 철학은 세계적 범위의 정치, 경제, 과학기술, 문화 융합 등 사상에 녹아들었다. 대동이라는 이상은 중국에서 탄생했지만 서양의 유토피아, 현대의 공산주의, 지구촌 등의 비전과도 유사하다.

　시진핑 주석은 중화의 우수한 전통문화 사상의 정수를 흡수하여 ‘천하대동’ 관점을 여러 차례 언급했다. 2018년 12월, 시진핑 주석은 개혁 개방 40주년 경축대회에서 예로부터 중화 민족은 ‘천하대동’, ‘협화만방’의 넓은 가슴으로 자신감 있고 너그럽게 해외 다른 민족과 왕래하고 문화를 교류해 낙타 방울 소리가 멀리까지 울리고 사람이 물결처럼 넘실거리는 실크로드의 긴 노래(長歌)를 썼고, 만국 사람이 당나라 수도 장안(長安)으로 몰려드는 성당(盛唐)시기의 기상을 이루었다고 말하였다.

国虽大，好战必亡

　　《司马法》之《仁本》篇写道："国虽大，好战必亡；天下虽安，忘战必危"。这一箴言意指一个国家无论再怎么强大，如果不断进行战争也会灭亡；天下虽然安定但要居安思危，一味享乐、忘记备战就会出现危机。中国古人认为，应该本着仁爱精神处理问题，即便是正义战争，也会消耗国力。这种思想既体现了战争与国家兴衰的辩证关系，也彰显了中华民族爱好和平的精神。

　　习近平曾在多个外交场合引用"国虽大，好战必亡"。2014年5月，他在中国国际友好大会暨中国人民对外友好协会成立60周年纪念活动上指出，中国的先人早就知道"国虽大，好战必亡"的道理。中国坚持走和平发展道路，中国人民愿意同世界各国人民和睦相处、和谐发展，共谋和平、共护和平、共享和平。

국수대, 호전필망

<사마법(司馬法)>의 <인본(仁本)> 편에 '국수대, 호전필망. 천하수안, 망전필위(國雖大, 好戰必亡 ; 天下雖安, 忘戰必危)'라는 말이 있다. 이는 국가가 제아무리 강대하다고 해도 전쟁을 계속하면 멸망하고, 천하가 편안한 상태라도 위험에 미리 대처하지 않고 향락에 빠져 전쟁을 대비하지 않으면 위기가 닥친다는 뜻이다. 옛 중국인은 인애 정신에 따라 문제에 대처해야 한다고 생각했다. 아무리 정의로운 전쟁이라도 국력이 소모된다. 이 사상은 전쟁과 국가 흥망의 변증법적 관계를 나타내고 평화를 사랑하는 중화 민족의 정신을 드러낸다.

시진핑 주석은 여러 외교 장소에서 '국수대, 호전필망'이라는 말을 인용했다. 2014년 5월, 시진핑 주석은 중국 국제우호대회 및 중국 인민 대외우호협회 설립 60주년 기념행사에서 중국의 선인들은 일찌감치 '국수대, 호전필망'의 이치를 깨달았다고 하였다. 중국은 평화 발전의 길을 견지하며 세계 각국 인민과 화목하고 조화롭게 발전하며 평화를 함께 도모하고 수호하며 공유하기를 바란다.

兼爱非攻

　　"兼爱非攻"是墨家的基本主张。"兼爱"强调每个人都应像爱自己一样爱他人，像爱自己的家人、国人一样爱别人的家人、爱别国的国人，那么人与人之间就会彼此相爱。这种相爱是不分亲疏远近、尊卑上下的，是平等的、没有差别的爱。只要做到"兼爱"，就能够避免人与人、家与家、国与国之间的相互攻伐、侵害，进而实现互利。"非攻"即反对不义的战争。墨家认为，违反道义的攻伐有着严重危害，不仅被攻伐的国家会遭到极大破坏，发动战争的国家也会面临大量的人员伤亡及财产损失，因此应该禁止不义的战争。

　　2014年6月，习近平在和平共处五项原则发表60周年纪念大会上指出，和平共处五项原则之所以在亚洲诞生，是因为它传承了亚洲人民崇尚和平的思想传统，中华民族历来崇尚"协和万邦""兼爱非攻"等理念。

겸애비공

　‘겸애비공(兼愛非攻)’은 묵가(墨家)의 기본 주장이다. ‘겸애’는 자기 자신을 사랑하는 것처럼 타인을 사랑하고, 자기 가족과 국가를 사랑하는 것처럼 다른 사람의 가족과 국가를 사랑하면 사람들은 서로 사랑하게 될 것이라고 강조한다. 이런 사랑은 친소원근과 상하존비 구분없이 평등하고 차별 없는 사랑이다. ‘겸애’를 하면 사람 간의, 가족 간의, 국가 간의 공격과 침공을 피할 수 있고 더 나아가 상호 이익을 실현할 수 있다. ‘비공(非攻)’은 불의의 전쟁에 반대하는 것을 뜻한다. 묵가는 도의에 어긋나는 공격은 심각한 위해를 가하고, 공격당하는 국가는 심각하게 파괴될 뿐 아니라 전쟁을 일으킨 국가 역시 대량의 인명 및 재산 피해를 입기 때문에 불의의 전쟁을 금해야 한다고 생각한다.

　2014년 6월, 시진핑 주석은 평화공존 5원칙 발표 60주년 기념대회에서 평화공존 5원칙이 아시아에서 탄생한 이유는 평화를 숭상하는 아시아가 아시아인의 사상과 전통을 계승했기 때문이라며, 중화 민족은 대대로 ‘협화만방’, ‘겸애비공’ 등 철학을 숭상해왔다고 하였다.

己所不欲，勿施于人

　　"己所不欲，勿施于人"，出自《论语》，意为自己不喜欢的，也不要强加给对方。这一箴言强调设身处地、换位思考，认为人应该以对待自身行为的态度为参照物来对待他人，要宽宏大量，宽恕待人。倘若把自己不喜欢的硬推给他人，不仅会破坏彼此关系，还会让事情变得僵持而不可收拾。这是儒家处理人与人关系的重要原则，体现了尊重、仁爱、平等和宽容的基本精神。

　　习近平于2013年6月在墨西哥参议院的演讲、2014年3月在德国科尔伯基金会的演讲、2017年1月在联合国日内瓦总部的演讲、2021年11月在中国—东盟建立对话关系30周年纪念峰会上的讲话等多个场合，均引用了"己所不欲，勿施于人"这一箴言，阐明中国坚持和平发展道路，永不称霸、永不扩张、永不谋求势力范围。

기소불욕, 물시어인

'기소불욕, 물시어인(己所不欲, 勿施於人)'은 <논어>에서 나온 말로 자기가 싫은 것을 상대에게 강요하지 말라는 뜻이다. 이 말은 입장과 위치를 바꿔 생각해보고, 자신의 행동과 태도를 살펴 타인을 대해야 하며, 넓은 도량으로 너그럽게 상대를 대해야 한다고 강조한다. 자기가 싫어하는 것을 남에게 억지로 강요하면 관계가 깨질 뿐 아니라 적대적 관계가 형성되고 사정이 수습할 수 없게 될 수 있다. 이는 유가에서 인간 관계를 형성하는 중요한 원칙으로 존중, 인애, 평등, 관용의 기본 정신을 드러낸다.

시진핑 주석은 2013년 6월 멕시코 상원 연설, 2014년 3월 독일 쾨르버재단 연설, 2017년 1월 스위스 제네바 유엔 사무국 연설, 2021년 11월 중국-아세안 대화관계 수립 30주년 기념 정상회의 연설 등 여러 장소에서 '기소불욕, 물시어인'을 인용하면서 중국은 평화 발전의 길을 견지하고, 결코 패권을 부르짖지 않으며, 결코 확장하지 않고, 결코 세력권을 꾀하지 않을 것이라고 천명하였다.

恃德者昌，恃力者亡

　　"恃德者昌，恃力者亡"，语出《史记》，意为依靠美德行事的人一定兴旺发达，凭借暴力行事的人必将走向灭亡。中国人自古提倡以德服人，反对以权压人，认为只有用德行才能让人心悦诚服，而权力只能使人被迫屈从，不能达成真实持久的和谐团结。

　　2016年4月，习近平在亚洲相互协作与信任措施会议第五次外长会议开幕式上引用"恃德者昌，恃力者亡"一语，倡议树立共同、综合、合作、可持续的亚洲安全观，提出应依据国际法，坚持对话协商，以和平方式解决争议问题，并通过对话增互信、解纷争、促安全，共创亚洲和平与繁荣的美好未来。

시덕자창 , 시역자망

　'시덕자창, 시역자망(恃德者昌, 恃力者亡)'은 <사기>에서 나온 말로 미덕을 행하는 사람은 필히 흥하고 폭력을 행사하는 사람은 기필코 멸망의 길을 걷는다는 뜻이다. 중국인은 예로부터 덕으로 사람을 복종시켜야지 권력으로 사람을 제압하면 안 된다고 생각하였다. 덕행만이 사람을 진심으로 복종케 할 수 있고, 권력으로 굴복시키면 진실되고 영구적인 화합을 이룰 수는 없다.

　2016년 4월, 시진핑 주석은 아시아 교류 및 신뢰 구축 회의(CICA) 제5차 외교부장관회의 개막식에서 '시덕자창, 시역자망'을 인용하면서 공동, 종합, 협력, 지속 가능한 아시아 안보관을 수립하고, 국제법에 따른 대화와 협상을 견지하며, 평화의 방식으로 분쟁을 해결하고, 대화를 통해 상호 신뢰, 분쟁 해결, 안보 촉진을 도모하여 평화와 번영의 아름다운 아시아의 미래를 함께 만들자고 제안했다.

国不以利为利，以义为利也

　　“国不以利为利，以义为利也”，出自《大学》，意为治理国家不应以财富为利益出发点，而应以仁义为处事着眼点。“义”与“利”是中国人道德观里最基本的两个概念，一个是道德理性，一个是功利理性。在儒家看来，“义”与“利”都是人性的本能，人有逐利的冲动，也会有道德的萌动，只不过在价值判断上，不仅“义”要高于“利”，而且要用“义”来约束和引导“利”。

　　2014年7月，习近平在韩国国立首尔大学的演讲中引用“国不以利为利，以义为利也”，指明在国际关系中要妥善处理义和利的关系，践行正确义利观。

국불이리위리 , 이의위리야

　‘국불이리위리, 이의위리야(國不以利爲利, 以義爲利也)’는 <대학>에서 나온 말로 국정운영은 재산적 이익을 출발점으로 삼아서는 안 되고, 인의를 일 처리의 착안점으로 삼아야 한다는 뜻이다. ‘의(義)’와 ‘리(利)’는 중국인의 도덕관에서 가장 기본적인 개념으로 하나는 도덕적인 이성이고, 다른 하나는 실리적인 이성이다. 유가에서 ‘의’와 ‘리’는 사람의 본능으로 이익을 추구하는 충동도 있고 도덕적인 생각도 생기겠지만 가치 판단적인 면에서 ‘의’가 ‘리’보다 높아야 하고 ‘의’로 ‘리’를 구속하고 인도해야 한다고 본다.

　2014년 7월, 시진핑 주석은 한국 서울대학교 연설에서 ‘국불이리위리, 이의위리야’를 인용하고 국제관계에서 의와 리의 관계를 적절하게 사용하고 정확한 의리관(義利觀)을 실천해야 한다고 하였다.

己欲立而立人，己欲达而达人

"己欲立而立人，己欲达而达人"，出自《论语》，意为自己要站稳，才能扶起摔倒的人；自己要腾达，才能博施济众。如果说"爱人"是"仁"的基本内涵，那么"己欲立而立人，己欲达而达人"就是"爱人"的行动指南。这包含三个层面的含义：第一，自己不想要的，不要强加给他人；第二，推己及人、设身处地地为他人着想；第三，在自己努力争取成功的时候，也要积极促进和帮助他人获得成功。

2015年4月，习近平在巴基斯坦议会的演讲中指出，中华文化倡导"己欲立而立人，己欲达而达人"，中国坚持正确义利观，帮助巴基斯坦就是帮助我们自己。

기욕립이립인 , 기욕달이달인

'기욕립이립인, 기욕달이달인(己欲立而立人, 己欲達而達人)'은 〈논어〉에서 나온 말로 자기가 일어서야 넘어진 사람을 일으켜 세울 수 있고, 자기가 출세해야 널리 백성을 구제할 수 있다는 뜻이다. '애인(愛人)'이 '인(仁)'의 기본 내용이라면, '기욕립이립인, 기욕달이달인'은 '애인'의 행동 지침이다. 이는 세 가지 측면의 함의를 갖고 있다. 첫째, 자기가 하기 싫은 것을 남에게 강요하지 말라. 둘째, 자기의 마음으로 남을 헤아리고 입장을 바꿔 다른 사람을 생각하라. 셋째, 자신이 노력해 성공을 거뒀을 때 다른 사람도 성공하도록 적극 도와라.

2015년 4월, 시진핑 주석은 파키스탄 의회 연설에서 중화 문화는 '기욕립이립인, 기욕달이달인'을 제창한다며 중국은 의리관을 정확히 인지하고 파키스탄을 돕는 것이 자기 자신을 돕는 것이라고 했다.

穷则独善其身，达则兼善天下

"穷则独善其身，达则兼善天下"，出自《孟子》，意为不得志时就要洁身自好修养个人品德，得志时就要让全天下人都能得到帮助和利益。

2014年3月，习近平在中法建交50周年纪念大会上的讲话中指出，"穷则独善其身，达则兼善天下"是中华民族始终崇尚的品德和胸怀，中国一心一意办好自己的事情，既是对自己负责，也是为世界作贡献。随着自身不断发展，中国已经并将继续尽己所能，为世界和平与发展作出自己的贡献。

궁즉독선기신 , 달즉겸선천하

　‘궁즉독선기신, 달즉겸선천하(窮則獨善其身, 達則兼善天下)’는 <맹자>에서 나온 말로 뜻을 이루지 못할 때는 자신을 가다듬고 품성과 덕성을 수양하며, 뜻을 이뤘을 때는 천하의 모든 사람에게 도움과 이익을 주라는 뜻이다.

　2014년 3월, 시진핑 주석은 중국-프랑스 수교 50주년 기념식 연설에서 ‘궁즉독선기신, 달즉겸선천하’는 중화민족이 숭상하는 덕이자 품은 뜻으로 중국은 전심전력으로 자신의 일을 잘하여 스스로를 책임질뿐 아니라 인류에게도 공헌한다고 하였다. 중국은 발전을 거듭하면서 지금까지 한 것처럼 앞으로도 계속 최선을 다해 세계 평화와 발전에 기여할 것이다.

亲仁善邻

"亲仁善邻"出自《左传》，意为与仁德亲近，与邻邦友好，是个人和国家都应该坚持的原则。这一理念强调"亲仁"是建立"善邻"关系的基础，即双方都应当共同遵循仁德，体现了原则性和务实性相统一的国际关系理念，展现了中华民族崇尚"仁"与"协和万邦"的基本精神。

2019年5月，习近平在亚洲文明对话大会开幕式上指出，亲仁善邻、协和万邦是中华文明一贯的处世之道。中国秉持亲诚惠容理念和与邻为善、以邻为伴的周边外交方针，深化同周边国家关系，打造周边命运共同体，充分体现了这一传统智慧。

친인선린

　'친인선린(親仁善鄰)'은 <좌전>에서 나온 말로 어진 덕과 가까이하고 이웃 나라와 우호적으로 지내는 것이 개인과 국가가 견지해야 할 원칙이라는 뜻이다. 이 철학은 '친인(親仁)'이 '선린(善鄰)' 관계를 수립하는 기초임을 강조한다. 즉 쌍방 모두 어진 덕을 따라야 한나는 것으로 원칙과 실무가 통합된 국제관계의 철학을 보여주고 중화 민족이 숭상하는 '인'과 '협화만방'의 기본 정신을 드러낸다.

　2019년 5월, 시진핑 주석은 아시아문명대화대회 개막식에서 친인선린, 협화만방은 중화 문명의 일관된 처세의 도라고 하였다. 중국이 친하게, 성심껏, 혜택을 주며, 포용한다는 친성혜용(親誠惠容) 철학과 이웃과 잘 지내고 파트너가 된다는 주변 외교 방침을 견지하고 주변 국가와의 관계를 심화하며 주변 운명공동체를 구축하는 것은 이 전통적 지혜를 충분히 구현한 것이다.

投桃报李

  "投桃报李"源自《诗经》，意为你赠给我木桃，我回赠给你木李，泛指互赠礼品、礼尚往来，即用礼物为载体，传达对对方的善意，表达与对方永结友好的诚意，隐喻平等互惠的关系原则。

  2020年3月，习近平在同沙特国王萨勒曼通电话时表示，中国发生新冠肺炎疫情后，你第一时间向我表达慰问和支持，沙特政府和各界纷纷伸出援手，向中方提供了多批物资援助，中方铭记在心。中华民族是懂得感恩、投桃报李的民族。实际上，中国始终在力所能及范围内为国际社会抗疫提供支持，共同维护全球公共卫生安全，正是这一理念的有力印证。

투도보리

‘투도보리(投桃報李)’는 <시경>에서 나온 말로 네가 나에게 복숭아를 주면 나는 너에게 자두를 준다는 뜻으로 서로 선물을 보내고 예의상 오고 가는 것을 중요시한다는 것이다. 즉 선물을 매개체로 삼아 상대에게 호의를 전달하고 상대와 우호적인 관계를 맺고 싶다는 성의를 표현하는 것으로 평등과 호혜의 원칙을 은유석으로 나타낸 말이다.

2020년 3월, 시진핑 주석은 살만 빈 압둘아지즈 사우디아라비아 국왕과의 전화 통화에서 중국에서 신종 코로나바이러스 감염증(코로나19)이 발생하자 사우디아라비아 국왕이 제일 먼저 중국에 위로와 지지를 표했고 사우디아라비아 정부와 각 계가 지원의 손길을 내밀어 여러 차례 원조 물자를 제공한 것을 중국은 마음 깊이 새기고 있다고 말했다. 중화 민족은 은혜를 아는 투도보리의 민족이다. 실제로 중국이 힘 닿는 범위 안에서 국제사회의 코로나19 방역을 지원하고 전 세계 공중보건 안전을 수호한 것은 이 철학의 실천 증거다.

志合者，不以山海为远

"志合者，不以山海为远"，出自《抱朴子》，意为如果两人志趣相同，他们不会因为有山海阻隔而感到彼此距离很远，交往的重点在于志向的相合、志趣的相投，阐发了志同道合的道理。

2013年3月，习近平在金砖国家领导人第五次会晤时的主旨讲话中引用"志合者，不以山海为远"，指出来自世界四大洲的五个国家，为了构筑伙伴关系、实现共同发展的宏伟目标走到了一起，为了推动国际关系民主化、推进人类和平与发展的崇高事业走到了一起。求和平、谋发展、促合作、图共赢，是金砖国家共同的愿望和责任。

지합자 , 불이산해위원

‘지합자, 불이산해위원(志合者, 不以山海為遠)’은 <포박자(抱朴子)>에서 나온 말로 두 사람이 뜻이 같으면 산과 바다로 가로막혀 있어도 멀리 떨어져 있다고 느끼지 않는다는 뜻이다. 교류의 핵심은 같은 지향점을 가지고 의기 투합하여 뜻을 같이 하는(志同道合) 것이다.

2013년 3월, 시진핑 주석은 제5차 브릭스 정상회담 기조연설에서 ‘지합자, 불이산해위원’을 인용해 세계 4대주의 5개 국가가 파트너 관계 구축과 공동 발전이라는 웅대한 목표를 이루기 위해, 국제관계 민주화와 인류 평화 발전이라는 숭고한 사업을 위해 한 자리에 모였다고 말했다. 평화를 추구하고 발전을 모색하며 협력을 촉진하고 공생을 도모하는 것은 브릭스 국가의 공동 바람이자 책임이다.

有朋自远方来，不亦乐乎

"有朋自远方来，不亦乐乎"是《论语》的开篇之语，意为那些志同道合的人，从各个方向、从各个地方聚到自己身旁，难道不是一件非常高兴的事吗？中国古人认为，要做成一件事，特别是要做成一件大事，必须要有志同道合的人。只有志趣相投的朋友在一起，做起事情来才是幸福的，做的事情才是有价值的。

2014年9月，习近平在参加纪念孔子诞辰2565周年国际学术研讨会时，引用"有朋自远方来，不亦乐乎"这句古语作为欢迎来自世界各国嘉宾及专家学者的开场白，表达了中国人民对朋友到来的愉悦，体现了中国人民广交天下朋友的胸怀与热情。

유붕자원방래, 불역락호

　'유붕자원방래, 불역락호(有朋自遠方來, 不亦樂乎)'는 <논어>의 서두에 나오는 말로 뜻이 맞는 사람들이 각지에서 나를 찾아오는데 어찌 기쁘지 아니한가 라는 뜻이다. 옛 중국인들은 어떤 일을 이루려면 특히 큰일을 이루려면 반드시 뜻이 같은 사람이 필요하다고 생각했다. 의기투합하는 친구와 같이 일해야 행복하고 하는 일이 가치가 있다.

　2014년 9월, 시진핑 주석은 공자 탄생 2565주년 기념 국제 학술세미나에서 '유붕자원방래, 불역락호'라는 말로 세계 각국의 귀빈과 전문가, 학자를 환영해 친구를 맞이하는 중국 인민의 기쁨을 전달했고, 세상의 친구들과 폭넓게 교류하는 중국 인민의 마음과 열정을 표현했다.

四海之内皆兄弟

"四海之内皆兄弟"出自《论语》，意为全天下的人都亲如兄弟。"四海"即东海、西海、南海、北海，古人认为天圆地方，中国居陆地中间，陆地四周由四海环绕。"四海之内"指当时已知的人类生活空间，"四海之内皆兄弟"彰显了中国人兼济天下的博大胸怀、仁爱友善的人文精神。

2015年3月，习近平在博鳌亚洲论坛年会上指出，中国最需要和谐稳定的国内环境与和平安宁的国际环境，任何动荡和战争都不符合中国人民根本利益，中华民族历来爱好和平，自古就崇尚"四海之内皆兄弟"等思想。

사해지내개형제

‘사해지내개형제(四海之內皆兄弟)’는 <논어>에서 나온 말로 천하의 사람 모두가 형제처럼 친하다는 뜻이다. ‘사해’는 동해, 서해, 남해, 북해로 옛 사람은 하늘은 둥글고 중국은 육지의 중간에 있으며 육지의 사방 주변을 사해가 감싸고 있다고 생각했다. ‘사해지내’는 당시 이미 알려진 인간의 생활 공간을 말하며 ‘사해지내개형제’는 천하를 구제한다는 중국인의 넓은 아량과 인애우선(仁愛友善)의 인문 정신을 보여준다.

2015년 3월, 시진핑 주석은 보아오(博鰲) 아시아포럼 연차총회에서 중국에게 가장 필요한 것은 조화롭고 안정된 국내 환경과 평화롭고 안정된 국제 환경이라며 불안정과 전쟁은 중국 인민의 근본 이익에 부합하지 않고 중화민족은 예로부터 평화를 사랑하고 ‘사해지내개형제’ 등 사상을 숭상했다고 하였다.

物之不齐，物之情也

"物之不齐，物之情也"，出自《孟子》，意为物品千差万别，这是客观情况和自然规律。这一理念强调事物的差异性，告诉人们不必把差别看作异类，而应将差异作为自己取长补短的补充。

习近平在论述国与国之间、不同文明之间的关系时，多次引用"物之不齐，物之情也"这句古语。2015年9月，习近平接受美国《华尔街日报》采访时引用这一古语，指出既然世界上存在着不同的民族、历史、文化、宗教、制度、发展水平、生活方式，那就肯定会存在一些相互之间不那么好理解的事情。但是，一切看上去不可理解的事情都是可以理解的，关键是要有去理解的意愿与行动，而不是彼此排斥、无法兼容。

물지불제 , 물지정야

  '물지불제, 물지정야(物之不齊, 物之情也)'는 <맹자>에서 나온 말로 만물이 천차만별인 것은 객관적인 상황이자 자연의 법칙이라는 뜻이다. 이 철학은 사물의 차이를 강조한 것으로 차이를 배척할 필요가 없고, 자신의 장점을 취하고 단점을 보완하는 것으로 삼아야 한다고 강조한다.
  시진핑 주석은 국가와 국가 간, 문명과 문명 간의 관계를 설명하면서 '물지불제, 물지정야'를 여러 차례 인용했다. 2015년 9월, 시진핑 주석은 미국 <월스트리트저널>과의 인터뷰에서 이 말을 인용하면서 세상에는 다양한 민족, 역사, 문화, 종교, 제도, 발전 수준, 생활방식이 존재하기 때문에 서로 이해가 잘 안 되는 부분이 분명히 있을 것이라고 지적했다. 그러나 이해하기 어려워 보이는 일도 이해할 수 있다며 그 핵심은 이해하려는 의지와 행동이지 배척과 불용(不容)이 아니라고 했다.

独学而无友，则孤陋而寡闻

"独学而无友，则孤陋而寡闻"，出自《礼记》，意为独自学习而没有朋友一起切磋，就会知识狭隘、见识短浅，导致教育的失败；只有学习中相互观摩、取长补短，教育才能成功。事实上，朋友间切磋琢磨，也是中国传统儒学教育理论的一大特点，儒家始终认为互学互助是增长知识、修养德行的重要因素。

习近平在2014年9月纪念孔子诞辰2565周年国际学术研讨会暨国际儒学联合会第五届会员大会，以及接受美国《华尔街日报》采访等多个场合中，都引用"独学而无友，则孤陋而寡闻"来表达对文化交流和文明对话的态度。这一箴言提醒人们，面对人类社会创造的各种文明，既不能盲目自卑，失去民族自信力，又不能过度自傲，存有门户之见：一方面，各国要尊重自己的民族文化，另一方面，各国文明又要互学互鉴，共同推进人类文明交流交融，切不可自我封闭，更不能唯我独尊。

독학이무우, 즉고루이과문

‘독학이무우, 즉고루이과문(獨學而無友, 則孤陋而寡聞)’은 <예기>에서 나온 말로 홀로 공부하며 친구와 어울리지 않으면 지식이 편협하고 식견이 얕고 짧아 배움에 실패하고, 서로 보고 배우면서 장점을 취하고 난점을 보완해야 배움에 성공한다는 뜻이다. 사실 친구 사이에 서로를 거울 삼아 학문과 인격을 갈고 닦는 것은 중국 전통 유학 교육 이론의큰 특징으로 유가는 서로 배우고 돕는 것을 지식을 넓히고 덕행을 수행하는 중요한 요소라고 생각한다.

시진핑 주석은 2014년 9월 공자 탄생 2565주년 기념 국제 학술세미나 및 국제 유학연합회 제5회 회원총회와 미국 <월스트리트저널>과의 인터뷰 등 여러 장소에서 ‘독학이무우, 즉고루이과문’을 인용해 문화 교류와 문명 대화에 대한 태도를 밝혔다. 이 격언은 인류 사회가 창조한 다양한 문명 앞에서 맹목적으로 자기를 비하하면서 민족의 자신감을 잃을 필요가 없고 지나치게 자만하거나 편견을 가져서도 안 된다는 것을 일깨워준다. 각국은 자신의 민족 문화를 존중하고, 각국의 문명은 서로 배우고 서로 귀감으로 삼으며(互學互鑒) 인류 문명의 교류와 융합을 추진해야지 폐쇄적이어서도, 유아독존해서도 안 된다.

万物并育而不相害，道并行而不相悖

"万物并育而不相害，道并行而不相悖"，出自《中庸》，这一理念阐明了中国人认识世界的基本方式，那就是万物竞相生长，彼此之间并不妨害；日月运行、四时更替各有各的规律，相互之间并不冲突。

2017年12月，习近平在中国共产党与世界政党高层对话会上引用"万物并育而不相害，道并行而不相悖"，指出文明的繁盛、人类的进步，离不开求同存异、开放包容，离不开文明交流、互学互鉴。不同文明应该和谐共生、相得益彰，共同为人类发展提供精神力量。

만물병육이불상해 , 도병행이불상패

'만물병육이불상해, 도병행이불상패(萬物並育而不相害, 道並行而不相悖)'는 <중용>에서 나온 말로 중국인이 세계를 인식하는 기본 방식을 설명한다. 그것은 바로 만물은 앞다투어 성장하지만 서로 해를 입히지 않고, 해와 달의 운행과 사계절의 변화는 각자의 법칙이 있으며, 서로 충돌하지 않는다는 것이다.

2017년 12월, 시진핑 주석은 중국 공산당 세계 정당 고위급대화에서 '만물병육이불상해, 도병행이불상패'를 인용하면서 문명의 번성과 인류의 진보는 구동존이와 개방 포용을 뗄 수 없고, 문명 교류와 서로 배우고 서로 귀감으로 삼는다는 호학호감(互學互鑒)을 뗄 수 없다고 하였다. 각 문명은 조화롭게 공생하고, 서로의 장점을 돋보이게 하며, 인류 발전에 정신적 역량을 제공해야 한다.

互学互鉴

互学互鉴是指在尊重文明多样性、道路多样化和发展水平不平衡等差异的基础上相互学习、相互借鉴，取长补短、共同提高。交流互鉴是文明发展的本质要求，文明交流互鉴应该是对等的、平等的，多元的、多向的，而不应该是强制的、强迫的，单一的、单向的。各国应该以宽广的胸怀打破文化交往的壁垒，以兼收并蓄的态度汲取其他文明的养分，促进文明在交流互鉴中共同前进。

2019年4月，习近平在第二届"一带一路"国际合作高峰论坛开幕式上的主旨演讲中强调了加强文明互学互鉴的重要性。他指出，我们要积极架设不同文明互学互鉴的桥梁，深入开展教育、科学、文化、体育、旅游、卫生、考古等各领域人文合作，加强议会、政党、民间组织往来，密切妇女、青年、残疾人等群体交流，形成多元互动的人文交流格局。

호학호감

　‘호학호감(互學互鑒)’이란 문명의 다양성, 노선의 다양성, 발전 수준 불균형 등 차이 존중을 기반으로 서로 배우고 서로를 귀감으로 삼는다는 것으로 상대의 장점을 취하고 각자의 단점을 보완해 함께 성장하는 것을 말한다. 교류와 호감(互鑒)은 문명 발전의 본질적인 요구로 문명의 교류와 호감은 대등하고 평등하며 다원적이고 다방면이어야지 강제적이고 강박적이며 단편적이고 일방적이어서는 안 된다. 각국은 넓은 가슴으로 문화 교류의 장벽을 부수고, 전부 수용한다는 자세로 다른 문명의 양분을 흡수하며, 교류와 호감 속에서 문명이 함께 전진하도록 해야 한다.

　2019년 4월, 시진핑 주석은 제2회 ‘일대일로(一帶一路)’ 국제협력 고위급포럼 개막식 기조연설에서 문명 호학호감 강화의 중요성을 강조했다. 시진핑 주석은 우리는 각 문명 간 호학호감의 다리를 적극 가설하고, 교육, 과학, 문화, 체육, 여행, 보건, 고고학 등 각 분야의 인문 협력을 심도 있게 전개하며, 의회, 정당, 민간기구의 왕래를 강화하고, 여성, 청년, 장애인 등의 교류를 증진해 다양하고 상호작용하는 인문 교류 구도를 형성해야 한다고 하였다.

海纳百川，有容乃大

"海纳百川，有容乃大"出自民族英雄林则徐的一副自勉联，意为要拥有像大海能容纳无数江河水一样宽广辽阔的胸襟和大气包容的品性。这一理念是在承认并尊重个体及社会差异基础上协调自我与他人关系、寻求社会和谐的一种道德自觉，但又不是故意纵容或作无原则的妥协。其提醒人们立身行事尤其是为官理政，要心胸开阔，善于听取各种意见，宽和对待不同事物，就像大海接纳无数江河细流一样，唯有如此才能养成伟大的品格，成就伟大的事业。

2017年1月，习近平在联合国日内瓦总部的演讲中引用"海纳百川，有容乃大"，强调国际社会要推进国际关系民主化，不能搞"一国独霸"或"几方共治"。世界命运应该由各国共同掌握，国际规则应该由各国共同书写，全球事务应该由各国共同治理，发展成果应该由各国共同分享。

해납백천, 유용내대

‘해납백천, 유용내대(海納百川, 有容乃大)’는 중국의 민족 영웅인 임칙서(林則徐)의 좌우명 대련(對聯)에서 나온 말로 바다가 수많은 강물을 수용하는 것처럼 넓은 마음과 대범하고 포용적인 품성을 뜻한다. 이 철학은 개인과 사회의 차이를 인정하고 존중하는 것을 기반으로 자기와 타인의 관계를 조절하고, 사회의 조화를 추구하는 일종의 도덕적 자각이지만 고의적인 방임이나 무원칙적인 타협은 아니다. 이 말은 사회 생활 특히 관리(官吏)가 되어 정무를 운영하려면 넓은 마음으로 다양한 의견을 청취하고 각종 사물을 너그럽게 대해야 한다고 일깨워 준다. 즉 바다가 수많은 강물을 수용하는 것처럼 그렇게 해야 위대한 품격을 갖추고 위대한 사업을 이룰 수 있다.

2017년 1월, 시진핑 주석은 스위스 제네바 유엔 사무국 연설에서 ‘해납백천, 유용내대’를 인용하면서 국제사회는 국제관계 민주화를 추진해야지 ‘한 나라의 독주’나 ‘몇몇 나라가 통치’를 해서는 안 된다고 강조했다. 세계의 운명은 모든 나라가 함께 만들어야 하고, 국제 규칙은 각국이 함께 제정해야 하며, 전 세계 사무는 각국이 함께 관리해야 하고, 발전 성과는 각국이 함께 나눠야 한다.

一花独放不是春，百花齐放春满园

　　"一花独放不是春，百花齐放春满园"，出自《古今贤文》，意为只有一枝花朵开放，不能算是春天来临，而到了百花齐放的时候，才是真正的春色满园。引申为如果世界上只有一种花朵，那么就算这种花朵再美，也是单调的。

　　习近平在论述文明交流互鉴和全球共同发展时，多次引用"一花独放不是春，百花齐放春满园"。2018年11月，习近平在第一届中国国际进口博览会开幕式上的主旨演讲中引用这一古语，指出在经济全球化深入发展的今天，弱肉强食、赢者通吃是一条越走越窄的死胡同，包容普惠、互利共赢才是越走越宽的人间正道。事实上，新时代的中国秉持平等、互鉴、对话、包容的文明观和共商共建共享的全球治理观，以更加开放的姿态拥抱世界，以更有活力的文明成就贡献世界，就是对这一理念的弘扬和践行。

일화독방불시춘, 백화제방춘만원

'일화독방불시춘, 백화제방춘만원(一花獨放不是春, 百花齊放春滿園)'은 <고금현문(古今賢文)>에서 나온 말로 꽃이 한 송이 피었다고 봄이 온 것은 아니며 온갖 꽃이 만발해야 진정한 봄이 왔다는 뜻이다. 세상에 꽃이 하니뿐이라면 그 꽃이 아무리 아름다워도 단조롭다는 뜻으로 넓게 쓰였다.

시진핑 주석은 문명 교류와 호감(互鑒), 전 세계 공동 발전을 논하면서 '일화독방불시춘, 백화제방춘만원'을 여러 차례 인용했다. 2018년 11월, 시진핑 주석은 제1회 중국 국제수입박람회 개막식 기조연설에서 이 말을 인용하면서 경제 세계화가 심도 있게 발전한 오늘날, 약육강식, 승자독식은 점점 좁아지는 막다른 골목이고, 포용과 보편적 혜택, 상호 이익과 공동 번영은 점점 넓어지는 인간의 정도(正道)라고 지적했다. 사실 신시대 중국은 평등, 호감, 대화, 포용의 문명관과 함께 상의하고 함께 건설하고 함께 누리는 공상(共商), 공건(共建), 공향(共享)의 글로벌 거버넌스관을 견지하고, 더 개방적인 자세로 세계를 끌어안으며, 더 활력 있는 문명 성과로 세계에 기여해 이 철학을 함양하고 실천하고 있다.

图书在版编目（CIP）数据

中国关键词 . 文明理念篇：汉朝对照 / 中国外文出版发行事业局，当代中国与世界研究院，中国翻译研究院著；（韩）李贤雅译 . -- 北京：新世界出版社，2023.3
ISBN 978-7-5104-7541-2

Ⅰ . ①中… Ⅱ . ①中… ②当… ③中… ④李… Ⅲ . ①中国特色社会主义—社会主义建设模式—研究—汉、朝②中华文化—研究—汉、朝 Ⅳ . ① D616 ② K203

中国版本图书馆 CIP 数据核字 (2022) 第 167757 号

中国关键词：文明理念篇（汉韩对照）

作　　者：中国外文出版发行事业局　当代中国与世界研究院
　　　　　中国翻译研究院
翻　　译：이현아［韩］
审　　定：潘　征
改　　稿：김진아［韩］
项目统筹：申　阳
项目执行：华光灿
责任编辑：楼淑敏　赵如意
责任校对：宣　慧　张杰楠
责任印制：王宝根
出　　版：新世界出版社
网　　址：http://www.nwp.com.cn
社　　址：北京西城区百万庄大街 24 号（100037）
发 行 部：(010)6899 5968（电话）(010)6899 0635（电话）
总 编 室：(010)6899 5424（电话）(010)6832 6679（传真）
版 权 部：+8610 6899 6306（电话）nwpcd@sina.com（电邮）

经　　销：新华书店
字　　数：120 千字　　印　　张：5.75
版　　次：2023 年 3 月第 1 版　2023 年 3 月第 1 次印刷
书　　号：978-7-5104-7541-2
定　　价：78.00 元